CANUDOS
DIÁRIO DE UMA EXPEDIÇÃO

COLEÇÃO A OBRA-PRIMA DE CADA AUTOR

CANUDOS
DIÁRIO DE UMA EXPEDIÇÃO

Euclides da Cunha

MARTIN CLARET

© *Copyright* desta edição: Editora Martin Claret Ltda., 2016.

DIREÇÃO Martin Claret
PRODUÇÃO EDITORIAL Carolina Marani Lima
Mayara Zucheli
DIAGRAMAÇÃO Giovana Gatti Leonardo
DIREÇÃO DE ARTE E CAPA José Duarte T. de Castro
REVISÃO Waldir Moraes
IMPRESSÃO E ACABAMENTO Eskenazi Gráfica

Este livro segue o novo Acordo Ortográfico da Língua Portuguesa.

Dados Internacionais de Catalogação na Publicação (CIP)
(Câmara Brasileira do Livro, SP, Brasil)

Cunha, Euclides da, 1866–1909
Canudos: diário de uma expedição / Euclides da Cunha. — 3. ed. — São Paulo: Martin Claret, 2016. — (Coleção a obra-prima de cada autor; 134)

ISBN 978-85-7232-588-2

1. Brasil – História - Guerra de Canudos, 1897 I. Título II. Série.

16-00840   CDD-981.0521

Índices para catálogo sistemático:
1. Canudos: Guerra: Brasil: História 981.0521
2. Guerra de Canudos: Brasil: História 981.0521

EDITORA MARTIN CLARET LTDA.
Rua Alegrete, 62 – Bairro Sumaré – CEP: 01254-010 – São Paulo, SP
Tel.: (11) 3672-8144
www.martinclaret.com.br
3ª reimpressão – 2019

SUMÁRIO

Introdução — 7

CANUDOS

A nossa Vendeia — 21
As reportagens — 33
Os telegramas — 131
O batalhão de São Paulo — 161
Cartas de Euclides da Cunha
no ano da guerra — 165

INTRODUÇÃO

O BRASIL DE CANUDOS NA REPORTAGEM DE EUCLIDES DA CUNHA

CRISTINA BETIOLI RIBEIRO*

Nascido no interior do Rio de Janeiro, Euclides da Cunha (1866-1909) ganhou notoriedade entre os que compõem a inteligência brasileira na transição do século XIX para o XX, principalmente pela publicação da obra *Os Sertões* (1902), célebre registro do conhecido episódio histórico da guerra de Canudos-BA (1896-1897).

De formação escolar típica dos homens de letras do século XIX — primada na amplitude e diversidade humanística — Euclides da Cunha esteve predominantemente envolvido em atividades militares no Exército brasileiro, por meio do qual também se formou engenheiro (1891-1892). Entre 1883 e 1884, praticou os primeiros versos e contribuiu para a edição do periódico *O Democrata*. Em

---

* Formada em Letras pela Universidade Estadual de Campinas (Unicamp), onde também obteve os títulos de Mestre e Doutora em Literatura Brasileira. Sua área de pesquisa concentra-se no gênero romance e suas interfaces com os estudos culturais. Atualmente, é professora no curso de Letras da PUC-Campinas.

1887, publicou escritos acadêmicos e literários na *Revista da Família Acadêmica*, editada na Escola Militar da Praia Vermelha (RJ). No ano seguinte, depois de opor-se publicamente ao regime monárquico, foi expulso do Exército por ação do próprio imperador e, em seguida, convidado por Júlio de Mesquita para colaborar no periódico republicano *A Província de S. Paulo* (atualmente *O Estado de S. Paulo*). Após a proclamação da República (1889), é reintegrado ao Exército com o apoio de Benjamin Constant.

A entrada na atividade jornalística e o histórico militar de Euclides da Cunha renderiam a ele a oportunidade de reportar o conflito de Canudos, sobretudo após a publicação de um ensaio sobre a guerra, n'*O Estado de S. Paulo*, em que a compara ao episódio de rebeldia camponesa contra o governo revolucionário na França oitocentista — "A Nossa Vendeia" (1897). Em expedição ao campo de batalha, reunido à comitiva militar do marechal Bittencourt, o engenheiro-repórter percorrerá Salvador, Alagoinhas, Queimadas, Monte Santo e, finalmente, o arraial da batalha: Canudos.

As anotações de Euclides da Cunha durante a expedição compuseram um diário que serviu de fonte para as notícias encaminhadas a *O Estado de S. Paulo*, em 1897. Os registros se iniciam em 7 de agosto (Salvador) e findam em 1º de outubro (Canudos).[1] O conteúdo desse caderno de notas também antecede, portanto, o momento em que o autor chegaria ao local do conflito; o que ele presenciaria, de fato, nas campanhas militares empreendidas contra o resistente séquito de Antônio Maciel — o Conselheiro, gerou, sem dúvida, o projeto da obra *Os Sertões*.

---

[1] A 1ª edição desse diário data de 1939, pela Livraria José Olympio Editora, organizada por Antônio Simões dos Reis e introduzida por Gilberto Freyre.

A contenda estendeu-se por meses, totalizando quatro investidas dos militares, representantes do governo republicano contra o agrupamento de sertanejos que, liderados por Conselheiro — homem que incorporava o estatuto de messias —, eram considerados rebeldes pró-monarquistas. A figura do líder, mistificada e temida, dava ao arraial a qualidade de "Meca dos jagunços", muitas vezes assim pintado no diário por Euclides, que também descrevia, com familiaridade, particularidades do aparato bélico das tropas:

> Embora sem a pólvora apropriada e levando apenas sessenta e nove projéteis (granadas de duplo efeito e *shrapnels*), o efeito dos seus tiros será eficacíssimo. Lança em alcance máximo útil trinta e dois quilos de ferro, a seis quilômetros de distância. Acredito, entretanto, dificílimo o seu transporte pelas veredas quase impraticáveis dos sertões. São duas toneladas de aço que só atingirão as cercanias da Meca dos jagunços através de esforços inconcebíveis. (Bordo do "Espírito Santo", 7 de agosto)

Conhecedor das práticas militares, Euclides vai-se revelando cada vez mais surpreso com o potencial de resistência dos jagunços, que, mesmo em menor número e com menos recursos armamentistas, saem vitoriosos nas três primeiras campanhas. As impressões iniciais do incansável observador registram brutalidade e presteza nos sertanejos rebeldes, qualidades comparadas às de animais acuados na defesa de seu território:

> Acredita-se quase numa inversão completa das leis fisiológicas para a compreensão de tais seres nos quais a força física é substituída por uma agilidade de símios, deslizando pelas caatingas como cobras, resvalando céleres, descendo pelas quebradas, como espectros, arrastando uma espingarda que pesa quase tanto como eles — magros, secos, fantásticos, com as peles bronzeadas coladas sobre

os ossos — ásperas como peles de múmias. (Bahia, 10 de agosto)

A animalização cede espaço ao assombro, pois, mesmo como "símios" ou "cobras", os jagunços são "fantásticos". A partir de relatos de soldados, Euclides acrescenta que "o jagunço degolado não verte uma xícara de sangue. [...] Afirmam ainda que o fanático morto não pesa mais que uma criança". (*Idem*).[2]

Antes de o sertanejo combatente tornar-se prioridade nas observações de Euclides, os soldados enviados pelo governo são aplaudidos como heróis e a situação de batalha é comparada à da Independência:

> Anima-a [a Bahia] uma população adventícia de heróis: soldados que voltam mutilados e combalidos da luta, soldados que seguem entusiastas e fortes para a campanha. E presa nesse fluxo e refluxo de mártires que chegam e de valentes que avançam, sob o contágio dominador da febre que lavra nas almas dos combatentes, galvanizada pelo mesmo entusiasmo, ela parece ligar, através de longos anos de apatia, os dias atuais aos dias agitados das lutas da Independência. (*Idem*)

Apoiado nas teorias cientificistas da época — sobretudo as que nortearam as ideias oriundas da geração crítica de 1870, Euclides admira-se com a reunião de batalhões provenientes das diversas regiões do Brasil, em prol do combate aos rebeldes de Canudos: soldados paulistas, gaúchos

---

[2] Quando em Canudos, Euclides da Cunha já ocupa muito mais linhas no diário em torno do misticismo dos jagunços: "Como explicar essa prodigialidade enorme dos jagunços? Não nos iludamos. Há em toda esta luta uma feição misteriosa que deve ser desvendada". (Canudos, 26 de setembro)

e paraenses. Ao gosto naturalista, realça — tal como antes o fizera, notadamente nos anos 1880, o mentor da *Escola de Recife*, Sílvio Romero — as diversas índoles que formam o tipo brasileiro e salienta as qualidades da mestiçagem:

> Índoles diversas, homens nascidos em climas distintos por muitos graus de latitude, contrastando nos hábitos e tendências étnicas, variando nas aparências; frontes de todas as cores — do mestiço trigueiro ao caboclo acobreado e ao branco — aqui chegam e se unificam sob o influxo de uma aspiração única.
> Parece um refluxo prodigioso da nossa história. Depois de longamente afastados, todos os elementos da nossa nacionalidade volvem bruscamente ao ponto de onde irradiaram, tendendo irresistivelmente para um entrelaçamento belíssimo. (Bahia, 15 de agosto)

No mesmo tom do criticismo do século XIX, o elogio à heterogeneidade vem acompanhado de um parecer que atesta o "atraso" brasileiro, atribuído à política do Império. Influenciado pelas ideias positivistas (como as de Auguste Comte e Emile Littré), evolucionistas (principalmente de Herbert Spencer) e deterministas (essencialmente de Hippolyte Taine) em voga, na época, Euclides descreve Antônio Conselheiro como uma síntese do produto de um meio involuído:

> [...] creio que a organização superior da nossa nacionalidade, em virtude da energia civilizadora acrescida, repele, pela primeira vez, espontaneamente, velhos vícios orgânicos e hereditários tolerados pela política expectante do Império.
> Porque, realmente, este incidente de Canudos é apenas sintomático; erramos se o considerarmos resumido numa aldeia perdida nos sertões. Antônio Conselheiro, espécie bizarra de grande homem pelo avesso, tem o grande valor

de sintetizar admiravelmente todos os elementos negativos, todos os agentes de redução do nosso povo.

Vem de longe — repelido aqui, convencendo mais adiante, num rude peregrinar por estradas aspérrimas — e não mente quando diz que é um ressuscitado porque é um notável exemplo de retroatividade atávica e no seu misticismo interessante de doente grave ressurgem, intactos, todos os erros e superstições dos que o precederam, deixando-lhe o espantoso legado.

[...]

Arrasta a multidão, contrita e dominada, não porque a domine, mas porque é o seu produto natural mais completo.

É inimigo da República não porque lhe explorem a imaginação mórbida e extravagante de grande transviado, mas porque o encalçam o fanatismo e o erro. (*Idem*)

A velha associação entre o meio ambiente e o temperamento humano — antes definida por Araripe Júnior como a causadora do efeito de "obnubilação brasílica" (*Jornal do Brasil*, 1893) — também aparece nas reflexões de Euclides sobre o Conselheiro:

[...] as condições mesológicas nas quais devemos acreditar, excluídos os exageros de Montesquieu e Buckle, firmando um nexo inegável entre o temperamento moral dos homens e as condições físicas ambientes, deviam formar profundamente obscura e bárbara, uma alma que num outro meio talvez vibrasse no lirismo religioso de Savonarola, ou qualquer outro místico arrebatado numa idealização imensa. (Bahia, 23 de agosto)

Esse discurso reforça o princípio de que liquidar Canudos seria como semear um novo futuro para a nação, liberto dos "agentes de redução do nosso povo". Uma espécie de prelúdio para o progresso:

Porque — consideremos o fato sob o seu aspecto real — o que se está destruindo neste momento não é o arraial sinistro de Canudos: — é a nossa apatia enervante, a nossa indiferença mórbida pelo futuro, a nossa religiosidade indefinível difundida em superstições estranhas, a nossa compreensão estreita da pátria, mal esboçada na inconsistência de uma população espalhada em país vasto e mal conhecido; são os restos de uma sociedade velha de retardatários tendo como capital a cidade de taipa dos jagunços... (*Idem*)

Apesar da previsão para um cenário tão desalentador, Euclides ainda teria muito para ver e tomar notas até o mês de outubro do mesmo ano. As impressões iniciais, tomadas pela flama da bandeira republicana, cederiam cada vez mais tinta ao que os seus próprios olhos veriam — para além das entrevistas ou da pesquisa na imprensa baiana. As primeiras linhas de uma nascente sociologia talvez começassem a pulsar na caderneta de viagem: afinal, quem eram as vítimas e quem os algozes? Nos tropeços sobre a miséria do sertão baiano, Euclides presta atenção às mulheres, às crianças e aos combatentes — mortos, feridos ou aprisionados —, cada vez mais indignado com o sofrimento e maravilhado com a altivez manifesta nas frontes dos resistentes.

A robustez dos jagunços é sempre um aspecto salientado, ao lado de outros dignos de compaixão:

Chega mais um jagunço preso.
Deve ter sessenta anos — talvez tenha 30 anos; vem meio desmaiado: no peito desenha-se, rubra, a lâmina de uma espada, impressa por uma pranchada violenta. Não pode falar, não anda.
Mais outro: é um cadáver claudicante. Foi ferido há dois meses pela explosão de um *shrapnel* quando se acolhia ao santuário. Uma das balas atravessou-lhe o braço

e a outra o ventre. E este ente assim vive, há dois meses, numa inanição lenta, com dois furos no ventre, num extravasamento constante dos intestinos. A voz sai-lhe da garganta imperceptível quase. Não pode ser interrogado, não viverá talvez até amanhã.

No colo de um soldado do 5º chega um outro, — tem seis meses.

Foi encontrado abandonado numa casa. E o pobre enjeitado passa, indiferente ao tumulto, acobertado pela própria inconsciência da vida. Depois uma velha com a feição típica de raposa assustada. (Canudos, 24 de setembro)

Na descrição das mulheres que são aprisionadas após perderem os maridos na batalha, não há de ser coincidência a semelhança com o desenho literário de *Luzia-Homem* (1903), personagem que dá título ao romance de Domingos Olímpio, publicado um ano após *Os Sertões*:

> Mulheres aprisionadas na ocasião em que os maridos caíam mortos na refrega e a prole espavorida desaparecia na fuga, aqui têm chegado — numa transição brusca do lar mais ou menos feliz para uma praça de guerra, perdendo tudo numa hora — e não lhes diviso no olhar o mais leve espanto e em algumas mesmo o rosto bronzeado de linhas firmes é iluminado por um olhar de altivez estranha e quase ameaçadora. Uma delas acaba de ser conduzida à presença do general. Estatura pequena, rosto trigueiro, cabelos em desalinho, lábios finos e brancos, rugados aos cantos por um riso doloroso, olhos vesgos, cintilantes, traz ao peito, posta na abertura da camisa, a mão direita, ferida por um golpe de sabre.
> – Onde está teu marido?
> – No céu.
> – Que queres dizer com isso?
> – Meu marido morreu.

E o olhar correu rápido e fulgurante sobre os circunstantes sem se fitar em ninguém. (Canudos, 26 de setembro)

Gradativamente, vai-se esboçando na pauta do diário uma empatia pelo temperamento e pela força dos rebeldes, sustentada mesmo diante das piores adversidades. Depois de acompanhar a resistência de Canudos perante as diversas campanhas militares, na última data registrada no diário da expedição, Euclides comenta o interesse que poderia haver em incorporá-los "à nossa existência política":

> Sejamos justos — há alguma coisa de grande e solene nessa coragem estoica e incoercível, no heroísmo soberano e forte dos nossos rudes patrícios transviados e cada vez mais acredito que a mais bela vitória, a conquista real, consistirá no incorporá-los, amanhã, em breve, definitivamente, à nossa existência política. (Canudos, 1º de outubro)

A gradativa mudança na visão de Euclides sobre a guerra é muito comentada na fortuna crítica sobre o autor e atesta a honestidade com que ele manifestava suas opiniões, bem como o relevo histórico-sociológico de seus escritos.

Com efeito, não se pode negar a contribuição que esses relatos também têm, tanto quanto *Os Sertões*, para os estudos literários. Eles revelam diversos aspectos interessantes: a proximidade das descrições de tipos reais com personagens da literatura anterior e posterior; o pertencimento a uma tradição ideológica fortemente apoiada no cientificismo da segunda metade do século XIX; a permanência da indefinição de gêneros na composição de textos, que mesmo no raiar do século XX, com *Os Sertões*, trazem o hibridismo da crônica, da epopeia, dos estudos etnográficos, etc.

Sobre esse último aspecto, vale frisar que, mesmo nos escritos do diário, Euclides apresenta diversas descrições dos lugares por onde passou, bem como das cenas que presenciou, as quais muito se parecem com quadros literários de romances ou são, explicitamente, comparadas pelo autor com aspectos da epopeia ("epílogo da luta"[3]), da Grécia antiga ("... recordando o fato mitológico da estátua de Memnon, de Tebas"[4]) ou com o próprio inferno dantesco:

> Quando à 1 hora da tarde contemplei o quadro emocionante e extraordinário, compreendi o gênio sombrio e prodigioso de Dante. Porque há uma coisa que só ele soube definir e que eu vi naquela sanga estreitíssima, abafada e ardente, mais lúgubre que o mais lúgubre vale do INFERNO: a blasfêmia orvalhada de lágrimas, rugindo nas bocas simultaneamente com os gemidos da dor e os soluços extremos da morte.
>
> Feridas de toda a sorte, em todos os lugares, dolorosas todas, gravíssimas muitas, progredindo numa continuidade perfeita dos pontos apenas perceptíveis das Mannlichers, aos círculos maiores impressos pelas Comblains, aos rombos largos e profundos abertos pelas pontas de chifre, pelos pregos, pelos projéteis grosseiros dos bacamartes e trabucos. (*Idem*)

A reformulação e complementação das informações que Euclides da Cunha recolheu na experiência da reportagem de Canudos resultariam na publicação da obra *Os Sertões*, pela Editora Laemmert, em 1902. O sucesso de crítica e de vendas renderia, já no ano seguinte, uma segunda edição. A aclamação do livro contribuiria, também, para a institucionalização de Euclides como escritor, que passaria a ser membro dos prestigiados Instituto Histórico e Geográfico Brasileiro (1903) e Academia Brasileira de Letras (1906, com discurso de recepção por Sílvio Romero).

---

[3] Bahia, 10 de agosto.
[4] Canudos, 1º de outubro.

* * *

REFERÊNCIAS BIBLIOGRÁFICAS

BERNUCCI, Leopoldo M. Pressupostos historiográficos para uma leitura de Os Sertões. *Revista USP*, São Paulo, n. 54, junho/agosto de 2002.

CUNHA, Euclydes da. *Canudos (Diário de uma expedição)*. Organização de Antonio Simões dos Reis e introdução de Gilberto Freyre. Coleção Documentos Brasileiros (dirigida por Gilberto Freyre). Rio de Janeiro: Livraria José Olympio Editora, 1939.

CUNHA, Euclides da. *Os Sertões (campanha de Canudos)*. Edição, prefácio, cronologia, notas e índices de Leopoldo M. Bernucci. 2ª ed. São Paulo: Ateliê Editorial, Imprensa Oficial do Estado, Arquivo do Estado, 2001.

CANUDOS
DIÁRIO DE UMA EXPEDIÇÃO

A NOSSA VENDEIA

1

O relatório apresentado em 1888 pelo sr. José C. de Carvalho sobre o transporte do meteorito de Bendegó, os trabalhos do ilustre professor Caminhoá e algumas observações de Martius e Saint-Hilaire fazem com que não seja de todo desconhecida a região do extremo norte da Bahia determinada pelo vale do Irapiranga ou Vaza-Barris, rio em cuja margem se alevanta a povoação que os últimos acontecimentos tornaram histórica — Canudos.

Pertencente ao sistema huroniano ou antes erigindo-se como um terreno primordial indefinido entre aquele sistema e o laurenciano, pela ocorrência simultânea de quartzitos e gnaisses graníticos característicos, o solo daquelas paragens, arenoso e estéril, revestido, sobretudo nas épocas de seca, de vegetação escassa e deprimida, é, talvez mais do que a horda dos fanatizados sequazes de Antônio Conselheiro, o mais sério inimigo das forças republicanas.

Embora com a regularidade que lhes é inerente passem sobre ele impregnados de umidade adquirida em longa travessia do Atlântico, na direção de noroeste, os ventos alísios — a ação benéfica destes é em grande parte destruída, simultaneamente, pela disposição topográfica e pela estrutura geognóstica da região.

Assim é que falta a esta, talvez, correndo em direção paralela à costa, uma alta cadeia de montanhas — destinadas na física do globo a individualizar os climas, segundo a expressão sempre elegante de Humboldt — na qual refletindo ascendam aquelas correntes às altas regiões aonde um brusco abaixamento de temperatura, determinado pela dilatação num meio rarefeito, origine a condensação dos vapores e a chuva.

A observação do relevo da nossa costa justifica em grande parte esta hipótese despretensiosamente formulada. De fato, terminada a majestosa escarpa oriental do planalto central do Brasil, a serra do Mar, que desaparece na Bahia, diferenciada em serras secundárias, acentua-se de modo notável para o norte a depressão geral do solo de ondulações suaves, patenteando num ou noutro ponto apenas, sem continuidade, as massas elevadas do interior.

Por outro lado, a estrutura geognóstica daquela região, composta em grande parte de rochas dotadas de alto poder absorvente para o calor, determina naturalmente a ascensão quase persistente de grandes colunas de ar, ardentíssimas, que dissipam os vapores ou afastam as nuvens que encontram.

Da concorrência de tais fatos, acreditamo-lo, resulta provavelmente a causa predominante das secas que periodicamente assolam aquelas paragens, estendendo-se com maior intensidade aos estados limítrofes do interior.

Daí a aridez característica, em certos meses, dos sertões do Norte.

Nessas quadras a relva requeimada, através da qual, como única vegetação resistente, coleiam cactos flageliformes reptantes e ásperos, dá aos campos, revestidos de uma cor parda intensa, a nota lúgubre da máxima desolação; o solo fende-se profundamente, como se suportasse a vibração interior de um terremoto; as árvores desnudam-se, despidas das folhagens, com exceção do *juazeiro* de folhas elípticas e coriáceas, — e os galhos que morreram ficam por tal modo secos que, em algumas espécies, basta o atrito de um sobre outro para produzir-se o fogo e o incêndio subsequente de grandes áreas.

E sobre as chapadas desertas e desoladas alevantam-se quase que exclusivamente os mandacarus (*cereus*) silentes e majestosos; árvores providenciais em cujos galhos e raízes armazenam-se os últimos recursos para a satisfação da sede e da fome ao viajante retardatário — cactáceas gigantes que, revestidas de grandes frutos de um vermelho rutilante e subdividindo-se com admirável simetria em galhos ascendentes igualmente afastados, patenteiam a conformação típica e bizarra de grandes candelabros firmados sobre o solo... "Então", diz Saint-Hilaire, "um calor irritante acabrunha o viajante, uma poeira incômoda alevanta-se sob seus passos e algumas vezes mesmo não se encontra água para mitigar a sede. Há toda a tristeza de nossos invernos com um céu brilhante e os calores do verão".

Sem transição apreciável, entretanto, a estas secas intensas e nefastas, sucedem, bruscamente às vezes, as quadras chuvosas e benéficas: impetuosas correntes rolam sobre o leito de rios que dias antes ainda completamente secos davam ideia de largas estradas tortuosas, lastradas de quartzo fragmentado e grés duríssimo, conduzindo a lugares remotos do sertão.

E sobre os campos, em cujo solo depauperado vingavam apenas bromélias resistentes e cactos esguios e desnudos, florescem o *umbuzeiro* (*Spondias tuberosa*) de saboroso fruto e folhas dispostas em palmas; a *jurema* (*acacia*) predileta dos caboclos e os *mulungus* interessantíssimos em cujos ramos tostados e sem folhas desdobram-se como flâmulas festivas grandes flores de um escarlate vivíssimo e deslumbrante.

"O ar que então se respira", diz o ilustre professor Caminhoá, "tem um aroma dos mais agradáveis e esquisitos. Uma temperatura de 16° a 18° à noite e pela manhã obriga a procurar agasalho aos que poucos dias antes dormiam ao relento e com calor. As aves que tinham emigrado para as margens e lugares próximos dos rios e mananciais voltam a suas habitações. Foi ali que compreendemos quanto é bem dado aos papagaios o nome específico de *festivus*. Com efeito, quando chegam os bandos destas aves a gritarem alegremente, acompanhadas de um sem-número de outras, começam logo a se animar aquelas paragens e como que a natureza desperta.

"Então, o sertanejo é feliz e não inveja nem mesmo os reis da Terra!"

Como se vê naquela região, intermitentemente, a natureza parece oscilar entre os dois extremos — da maravilhosa exuberância à completa esterilidade. Este último aspecto, porém, infelizmente, parece predominar.

A este inconveniente alia-se um outro, derivado da disposição geral do terreno. Assim é que de todo contraposta à topografia habitual dos nossos campos do Sul — ligeiramente ondulados e descambando em suaves declives para os inúmeros vales que os rendilham, caracterizam-se aqueles pelas linhas duras e incisivas das fundas depressões, terminando os *tabuleiros* brucamente em escarpas abruptas, separando-se os cerros por desfiladeiros estreitos, flanqueados de grotas cavadas a pique...

Com muito maior intensidade que no Sul observa-se ali a ação modificadora dos elementos sobre a terra.

Nos lugares em que a ação mecânica das águas determinando uma erosão mais enérgica faz despontar a rocha granítica subjacente, observa-se quase sempre um fenômeno interessante. Esta última apruma-se, largamente fendida em direções quase perpendiculares dando a ilusão de lanços colossais e semiderruídos de ciclópica muralha, nos quais as lajes enormes dispõem-se às vezes umas sobre outras, com admirável regularidade. Este fato, largamente observado por Livingstone nas baixas latitudes africanas, traduz a inclemência do meio.

Patenteia a alternativa persistente do calor dos dias ardentíssimos e o frio da irradiação noturna de onde resulta a disjunção da rocha em virtude deste jogo perene de dilatações e contrações.

Estes rudes monumentos, aos quais não se equiparam talvez os dolmens da Bretanha, quebram em grande parte a monotonia da paisagem avultando, solenes, sobre o plano das chapadas...

É sobre estes tabuleiros, recortados por inúmeros vales de erosão, que se agitam nos tempos de paz e durante as estações das águas, na azáfama ruidosa e álacre das *vaquejadas* os rudes sertanejos completamente vestidos de couro curtido — das amplas *perneiras* ao chapéu de abas largas — tendo a tiracolo o laço ligeiro a que não escapa o garrote mais arisco ou rês alevantada, e pendente, à cinta, a comprida *faca de arrasto*, com que investe e rompe intrincados cipoais.

Identificados à própria aspereza do solo em que nasceram, educados numa rude escola de dificuldades e perigos, esses nossos patrícios do sertão, de tipo etnologicamente indefinido ainda, refletem naturalmente toda a inconstância e toda a rudeza do meio em que se agitam.

O homem e o solo justificam assim de algum modo, sob um ponto de vista geral, a aproximação histórica expressa no título deste artigo. Como na Vendeia o fanatismo religioso que domina as suas almas ingênuas e simples é habilmente aproveitado pelos propagandistas do império.

A mesma coragem bárbara e singular e o mesmo terreno impraticável aliam-se, completam-se. O *chouan* fervorosamente crente ou o *tabaréu* fanático, precipitando-se impávido à boca dos canhões que tomam a pulso, patenteiam o mesmo heroísmo mórbido difundido numa agitação desordenada e impulsiva de hipnotizados.

A justeza do paralelo estende-se aos próprios reveses sofridos. A Revolução Francesa que se aparelhava para lutar com a Europa, quase sentiu-se impotente para combater os adversários impalpáveis da Vendeia — heróis intangíveis que se escoando céleres através das charnecas prendiam as forças republicanas em inextricável rede de ciladas...

Entre nós o terreno, como vimos, sob um outro aspecto embora, presta-se aos mesmos fins.

Este paralelo será, porém, levado às últimas consequências. A República sairá triunfante desta última prova.

2

Sob este título, há tempos, ao chegar a notícia de lamentável desastre, descrevemos palidamente a região onde nesta hora, com extraordinário devotamento, batem-se as forças republicanas.

Adotemo-lo de novo.

Infelizmente prevíamos os perigos futuros e aquela aproximação histórica, então apenas esboçada, acentua-se definitivamente.

A situação não pode, entretanto, surpreender a ninguém.

Os tropeços que se antolham às forças da República, a morosidade das operações de guerra e os combates mortíferos realizados, surgem naturalmente das próprias condições da luta, como um corolário inevitável.

O nosso otimismo impenitente, porém, que preestabelecera às marchas das colunas do general Artur Oscar, a celeridade e o destino feliz das legiões de César, mal sofreia uma nova desilusão e caracteriza como um insucesso, como um prenúncio inequívoco de derrota, o que nada mais é do que um progredir lento para a vitória.

Esquecemo-nos de exemplos modernos eloquentíssimos. A Inglaterra enfrentando os zulus e os afgãs, a França em Madagáscar e a Itália recentemente, às arrancadas com os abissínios, patenteiam-nos entretanto reveses notáveis de exércitos regulares aguerridos e bravos e subordinados a uma disciplina incoercível, ante os guerrilheiros inexpertos e atrevidos, assaltando-os em tumulto, desordenadamente e desaparecendo, intangíveis quase, num dédalo impenetrável de emboscadas.

A profunda estratégia europeia naquelas paragens desconhecidas é abalada por uma tática rudimentar pior do que a tática russa do deserto.

De fato, nada pode perturbar com maior intensidade o mais seguro plano de campanha do que esse sistema de guerra que sem exagero de frase se pode denominar — a tática da fuga — na qual, adaptadas de um modo singular ao terreno e invisíveis como misteriosas falanges de duendes, as forças antagonistas irrompem inopinadamente de todas as quebradas, surgem de modo inesperado nas anfractuosidades das serras, nas orlas ou nas clareiras das matas e, fugindo sistematicamente à batalha decisiva, diferenciam e prolongam a luta, numa sucessão ininterrupta de combates rápidos e indecisos.

A organização mais potente de um exército, que é um organismo superior com órgãos e funções perfeitamente especializadas, vai-se, assim, em sucessivas sangrias, deperecendo até a adinamia completa, ante as hostes adversárias, de uma organização rudimentar, cuja força está na própria inconsistência, cujas vantagens estão na própria inferioridade e que, desbaratados hoje, revivem amanhã, dos próprios destroços, como pólipos.

Ora, quem observa, esclarecido embora por escassas informações, a disposição topográfica desse trecho dos sertões da Bahia, para o qual se dirige agora toda a atenção do nosso país, reconhece de pronto, que ele se presta de modo notável à guerra de recursos com todo o seu cortejo de reveses.

Sem um sistema orográfico definido, na significação rigorosa do termo, a região caracteriza-se, de um modo geral, pela feição caótica e acidentada que lhe imprimiu o tumulto das águas nas épocas remotas em que a ação violenta destas, arrastando as camadas de grés que a revestiam, desnudou-a em muitos pontos, aprofundando-se em outros segundo a resistência variável das rochas até aos terrenos mais antigos.

Daí o seu aspecto bizarro e selvagem.

Em que pese a sua imobilidade aparente, a natureza, ali, nas linhas vivas dos *plateaux* que terminam bruscamente em paredões a prumo, separados pelos vales profundos a que ladeiam escarpas abruptas e a pique, cindida pelas quebradas ou pelos desfiladeiros que recortam as serras, aprumando-se mais longe em afloramentos imensos de gnaisses "cujas formas fantásticas recordam ruínas ciclópicas"— parece haver estereografado toda a desordem, toda a ação violenta e atumultuada dos elementos que a assaltaram.

A serra do Aracati, agremiação incoerente de serrotes contornando as caatingas que se desdobram até o Irapiranga, na direção média de NE, inflete vivamente antes de chegar a Monte Santo, numa direção perpendicular à anterior e subdividindo-se em morros isolados, mas próximos, determina entre aquela localidade e a de Canudos a linha mais acidentada, talvez, de toda a zona.

Prolongando-se para o norte, ao atingir o morro da Favela, eixo das operações do nosso exército, os grandes acidentes de terreno derivam para leste e depois para o norte e subsequentemente para noroeste, como que estabelecendo em torno de Canudos um círculo de cumeadas, cortado pelo Vaza-Barris em Cocorobó.

A marcha do exército republicano opera-se nesse labirinto de montanhas.

Não é difícil aquilatar-se a imensa série de obstáculos que a perturba.

Por outro lado, na quadra atual, sob o influxo das chuvas, revestem-se os amplos tabuleiros, as encostas das serras e o fundo dos vales, de uma vegetação exuberante e forte, vegetação intensamente tropical, cerrados extensos impenetráveis, em cujo seio a trama inextricável das lianas se alia aos acúleos longos e dilacerantes dos cactos agrestes.

Vestido de couro curtido, das alparcatas sólidas ao desgracioso chapéu de abas largas e afeiçoado aos arriscados lances da vida pastoril, o *jagunço* traiçoeiro e ousado, rompe-os, atravessa-os, entretanto, em todos os sentidos, facilmente, zombando dos espinhos que não lhe rasgam sequer a vestimenta rústica, vingando célere como um acrobata as mais altas árvores, destramando, destro, o emaranhado dos cipoais.

Não há persegui-lo no seio de uma natureza que o criou à sua imagem — bárbaro, impetuoso, abrupto —.

Caindo inopinadamente numa emboscada, ao atravessarem uma garganta estreita ou um capão de mato, os batalhões sentem a morte rarear-lhes as fileiras e não veem o inimigo — fulminando-os do recesso das brenhas ou abrigados pelos imensos blocos de granito que dão a certos trechos daquelas paragens uma feição pitoresca e bizarra, amontoado no alto dos cerros alcantilados, como formas evanescentes de antigas fortalezas derruídas...

Compreende-se as dificuldades da luta nesse solo impraticável quase.

A Espanha não o teve melhor para abalar o exército napoleônico que nela se exauriu depois de atravessar numa marcha triunfal quase que a Europa inteira; não o tem mais apropriado a ilha de Cuba, hoje, revivendo, um século depois, numa inversão completa de papéis, contra a Espanha, o mesmo processo de guerra perigosíssimo e formidável.

Ora, a estes obstáculos de ordem física aliam-se outros igualmente sérios.

O jagunço é uma tradução justalinear quase do *iluminado* da Idade Média. O mesmo desprendimento pela vida e a mesma indiferença pela morte, dão-lhe o mesmo heroísmo mórbido e inconsciente de hipnotizado e impulsivo.

Uma sobriedade extraordinária garante-lhe a existência no meio das maiores misérias.

Por outro lado, as próprias armas inferiores que usam, na maioria, constituem um recurso extraordinário: não lhes falta nunca a munição para os bacamartes grosseiros ou para as rudes espingardas de pederneira. A natureza que lhes alevantou trincheiras na movimentação irregular do solo — estranhos baluartes para cuja expugnação Vauban não traçou regras — fornece-lhes ainda a carga para as armas: as cavernas numerosas que se abrem nas camadas calcárias dão-lhes o salitre para a composição da pólvora e os leitos dos córregos, lastrados de grãos de quartzo duríssimos e rolados, são depósitos inexauríveis de balas.

A marcha do exército nacional, a partir de Jeremoabo e Monte Santo até Canudos, já constitui por isto um fato proeminente na nossa história militar.

É uma página vibrante de abnegação e heroísmo.

E se considerarmos que, a partir daqueles pontos, convergindo para o objetivo da campanha, as colunas, nesse investir impávido para o desconhecido, como se levassem a certeza de uma vitória infalível e pronta, não se ligaram por intermédio de pontos geográficos estratégicos à longínqua base de operações em Monte Santo, deixando, portanto, que entre elas e esta última se interpusesse extensa região crivada de inimigos, somos forçados a admitir que a arte, esta sombria arte da guerra que obedece a leis inexoráveis, foi ofuscada num admirável lance de coragem.

As suas regras, entretanto, devem prevalecer.

Um exército não pode dispensar uma linha de operações, segura e francamente praticável, ligando-o à base principal afastada, através de pontos de refúgio intermediários ou bases de operações secundárias, para as quais refluem as forças em caso de revés ou seguem facilmente os recursos que se tornam necessários.

A viagem recente, de Canudos a Monte Santo das forças sob o comando do coronel Medeiros é um exemplo frisante.

Toda a campanha ficou em função daquela força expedicionária; a sorte de um exército ficou entregue a uma brigada diminuta. Entretanto tal não sucederia se a linha de operações tivesse como pontos determinantes duas ou três posições estratégicas, aonde forças em número relativamente diminuto se firmem, auxiliando eficazmente as comunicações entre a base de operações e o exército.

As forças auxiliares que partem hoje do Rio de Janeiro irão, certo, iniciar estas medidas urgentes, corrigindo uma situação anormalíssima.

Não basta garantir Monte Santo — é indispensável ligá-lo o mais estreitamente possível ao exército, cujo eixo de operações alevanta-se neste momento, em frente de Canudos.

Tomadas estas providências, a campanha que pode terminar amanhã repentinamente por um golpe de audácia, mas que pode também prolongar-se ainda, será inevitavelmente coroada de sucesso.

A morosidade das operações é inevitável, pelos motivos rapidamente expostos.

As tropas da República seguem lentamente, mas com segurança, para a vitória. Fora um absurdo exigir-lhes mais presteza.

Quem, ainda hoje, observa essas monumentais estradas romanas, largas e sólidas, inacessíveis à ação do tempo, lembrando ainda a época gloriosa em que sobre elas ressoava a marcha das legiões invencíveis, irradiando pelos quatro pontos do horizonte, para a Gália, para a Ibéria, para a Germânia, compreende a tática fulminante de César...

Mas, amanhã, quando forem desbaratadas as hostes fanáticas do Conselheiro e descer a primitiva quietude sobre os sertões baianos, ninguém conseguirá perceber, talvez, através das matas impenetráveis, coleando pelo fundo dos vales, derivando pelas escarpas íngremes das serras, os trilhos, as veredas estreitas por onde passam, nesta hora, admiráveis de bravura e abnegação — os soldados da República.

AS REPORTAGENS

BORDO DO ESPÍRITO SANTO, 7 *DE AGOSTO*

Depois de quatro longos dias de verdadeira tortura subo pela última vez à tolda do vapor na entrada belíssima e arrebatadora da Bahia.

Não descreverei os incidentes da viagem, vistos todos através de inconcebível mal-estar, desde o momento emocionante da partida em que Bueno de Andrada e Teixeira de Sousa — um temperamento feliz, enérgico e bom, e uma alma austera de filósofo — representaram em dois abraços todos os meus amigos de S. Paulo e do Rio, até o seu termo final, nas águas desta histórica paragem.

Escrevo rapidamente, direi mesmo vertiginosamente, acotovelado a todo o instante por passageiros que irradiam em todas as direções sobre o tombadilho, na azáfama ruidosa da chegada, através de um coro de interjeições festivas no qual meia dúzia de línguas se amoldam ao mesmo entusiasmo. É a admiração perene e intensa pela nossa natureza olímpica e fulgurante, prefigurando na estranha majestade a grandeza da nossa nacionalidade futura.

E, realmente, o quadro é surpreendedor.

Afeito ao aspecto imponente do litoral do Sul onde as serras altíssimas e denteadas de gnaisse recortam vivamente o espaço investindo de um modo soberano as alturas, é singular que o observador encontre aqui a mesma majestade e a mesma perspectiva sob aspectos mais brandos, as serras arredondando-se em linhas que recordam as voltas suavíssimas das volutas e afogando-se, perdendo-se no espaço, sem transições bruscas numa difusão longínqua de cores em que o verde-glauco das matas se esvai lentamente no azul puríssimo dos céus...

A ilha de Itaparica, à nossa esquerda e na frente, ridente e envolta na onda iluminada e tonificadora da manhã, desdobra-se pelo seio da Bahia, revestida de vegetação opulenta e indistinta pela distância.

O mar tranquilo como um lago banha, à direita, o áspero promontório sobre o qual se alevanta o farol da Barra, cingindo-o de um cendal de espumas. Em frente avulta a cidade, derramando-se, compacta sobre imensa colina, cujos pendores abruptos reveste, cobrindo a estreita cinta do litoral e desdobrando-se, imensa, do forte da Gamboa a Itapagipe, no fundo da enseada.

Vendo-a, deste ponto com as suas casas ousadamente aprumadas, arrimando-se na montanha em certos pontos, meando-a em outros e erguendo-se a extraordinária altura com as suas numerosas igrejas de torres esguias e altas ou amplos e pesados zimbórios, que recordam basílicas de Bizâncio — vendo-a deste ponto, sob a irradiação claríssima do nascente que sobre ela se reflete dispersando-se em cintilações ofuscantes, tem-se a mais perfeita ilusão de vasta e opulentíssima cidade.

O *Espírito Santo* cinde vagarosamente as ondas e novos quadros aparecem. O forte do Mar — velha testemunha histórica de extraordinários feitos — surge à direita, bruscamente, das águas, imponente ainda mas inofensivo, desartilhado quase, mal recordando a quadra gloriosa em que rugiam nas suas canhoeiras, na repulsa ao holandês, as longas colubrinas de bronze.

Corro os olhos pelo vapor.

Na proa os soldados que trazemos acumulam-se, saudando, entusiastas, os companheiros de S. Paulo, vindos ontem, enchendo literalmente o *Itupeva*, já ancorado.

A um lado, alevanta-se, firmemente ligado ao reparo sólido, um sinistro companheiro de viagem — o morteiro Canet, um belo espécime da artilharia moderna. Destina-se a contraminar as minas traidoras que existem no solo de Canudos.

Embora sem a pólvora apropriada e levando apenas 69 projéteis (granadas de duplo efeito e *shrapnels*) o efeito dos seus tiros será eficacíssimo. Lança em alcance máximo útil 32 quilos de ferro, a seis quilômetros de distância. Acredito, entretanto, dificílimo o seu transporte pelas veredas quase impraticáveis dos sertões. São duas toneladas de aço que só atingirão as cercanias da Meca dos *jagunços* através de esforços inconcebíveis.

Maiores milagres, porém, têm realizado o exército nacional e a fé republicana.

A disposição entre os oficiais é a melhor possível.

A saudade, imensa e indefinível saudade dos entes queridos ausentes, desce, às vezes, profunda, dolorosíssima e esmagadora sobre os corações: as frontes anuviam-se; cessam bruscamente as palestras em que se procura afugentar tristezas numa guerrilha adoidada de anedotas; um pesado silêncio paira repentinamente sobre os grupos esparsos; o coração batendo febrilmente nos peitos, perturba o ritmo isócrono da vida — e os olhares, velados de lágrimas, dirigem-se ansiosamente para o Sul... Ao mesmo tempo, porém, como um antídoto enérgico, um reagente infalível, alevanta-se, ao Norte, o nosso grande ideal — a República — profundamente consolador e forte, amparando vigorosamente os que cedem às mágoas, impelindo-os à linha reta nobilitadora do dever.

E reagem.

Eu nunca pensei que esta noção abstrata da Pátria fosse tão ampla que, traduzindo em síntese admirável todas as nossas afeições, pudesse animar e consolar tanto aos que se afastam dos lares tranquilos demandando a agitação das lutas e dos perigos. Compreendo-o, agora. Em breve pisaremos o solo onde a República vai dar com segurança o último embate aos que a perturbam. Além, para as bandas do Ocidente, em contraste com o dia brilhante que nos rodeia, erguem-se, agora, por uma coincidência bizarra, cúmulos pesados, como que traduzindo fisicamente uma situação social tempestuosa. Surgem, erguem-se, precisamente neste momento, do lado do sertão, — pesados, lúgubres, ameaçadores...

Este fato ocasional e sugestivo prende a atenção de todos. E observando, como toda a gente, as grandes nuvens silenciosas que se desenrolam longínquas, os que se destinam àquelas paragens perigosas sentem com maior vigor o peso da saudade e com maior vigor a imposição austera do dever.

Nem uma fronte se perturba, porém.

Que a nossa Vendeia se embuce num largo manto tenebroso de nuvens, avultando além como a sombra de uma emboscada entre os deslumbramentos do grande dia tropical que nos alenta. Rompê-lo-á, breve, a fulguração da metralha, de envolta num cintilar vivíssimo de espadas...

A República é imortal!

BAHIA, 10 DE AGOSTO

Dizem os mais antigos habitantes da Bahia que nunca ela se revestiu da feição assumida nestes últimos dias.

Velha cidade tradicional, conservando melhor do que qualquer outra os mais remotos costumes, a sua quietude imperturbável desapareceu de todo. Modificaram-se hábitos arraigados e, violentamente sacudida na onda guerreira que irrompe do Sul, transfigurou-se.

Anima-a uma população adventícia de heróis: soldados que voltam mutilados e combalidos da luta, soldados que seguem entusiastas e fortes para a campanha. E presa nesse fluxo e refluxo de mártires que chegam e de valentes que avançam, sob o contágio dominador da febre que lavra nas almas dos combatentes, galvanizada pelo mesmo entusiasmo, ela parece ligar, através de longos anos de apatia, os dias atuais aos dias agitados das lutas da Independência.

As velhas fortalezas de há muito abandonadas e em cujas muralhas disjungidas vegetavam, numa exuberância singular, árvores enormes prontamente reparadas, afloram novamente à luz, imponentes e formidáveis como se — voltada atrás uma página da história — despontasse repentinamente, agora, a quadra gloriosa de há cem anos.

O forte de S. Pedro, onde aquartelou o batalhão paulista, tem, ainda, sulcando-lhe em todos os sentidos os largos muros, as grossas raízes de árvores recentemente cortadas e aparece, denegrido pelo tempo, ladeando a rua que vai ao Campo Grande, como um retardatário sinistro despertando do sono secular pela vibração altíssima dos clarins de guerra que lhe animam a esta hora o seio enorme.

A cavaleiro da cidade, dominando-a e ao mar, a Acrópole baiana, o forte do Barbalho, em cujo recinto se agitaram muitas vezes os destinos da nossa terra, comparte igualmente desta revivescência inesperada e heroica.

E por toda a parte, largamente desdobrada sobre a lendária cidade, passa uma aura guerreira impetuosa e arrebatadora...

O aspecto das ruas, comove, porém, às vezes, muitíssimo.

Passam soldados que tornam dos sertões, feridos e convelescentes, trôpegos e alquebrados, fisionomias pálidas e abatidas das quais ressumbra uma resignação estoica; — acurvados alguns em bengalas toscas, caminhando outros amparados nas muletas ou pelo braço de companheiros mais robustos... E em todas as frontes e em todos os olhares o reflexo de uma dor indefinida e complexa, em que se pressente um misto de agruras físicas e morais — o latejar dolorido das chagas e a ansiedade dolorosa das saudades.

A população, vivamente emocionada, rodeia-os de uma simpatia respeitosa e espontânea.

Se estaca, antes de descer uma calçada mais alta — vinte braços estendem-se, solícitos, amparando o bravo enfraquecido; os bondes esvaziam-se ante um gesto lento, cada passageiro procurando ceder o lugar ao defensor obscuro da República.

Nos hospitais, repletos, um asseio e carinho admiráveis.

Percorri-os todos e em todos surpreendeu-me a ordem notável que reveste a generosidade sem par de um povo que se vai tornar credor do Brasil inteiro. Daí, talvez, a animação que revigora e alenta aos malferidos mesmo; sobre o aniquilamento físico, a esperança ressurge-lhes amparada pelo amor de uma sociedade inteira e aviventadas no íntimo aconchego dessa proteção nobilitadora as almas palpitam vigorosas dentro dos peitos exaustos e inanidos.

Quando o general Savaget, ontem, visitou aos seus bravos companheiros da 2ª coluna — a *coluna talentosa*, segundo a denominação insuspeita dos jagunços, observei uma cena que fixarei, indelével, na memória: quando ele atravessava lentamente a enfermaria — homens quase que absolutamente depauperados e exangues, nas fronteiras da morte, agitaram-se nos leitos; ergueram-se alguns, quase; os braços até então imóveis alevantaram-se convulsivamente, em gestos entusiásticos; bocas que não falavam rugiram saudações viris; afogaram-se em lágrimas olhos incendidos de febre e relampaguearam, fugazes, num repentino rutilar de lâmpadas que se apagam, olhos amortecidos de moribundos...

Um quadro sobre-humano, que não exagero.

Como reverso da medalha surgem, por outro lado, fortes e impávidos, numa alacridade ruidosa de valentes, os que se aprestam à luta. O batalhão de S. Paulo, que deixou belíssima impressão, já está em Queimadas; o 37º e o 39º de infantaria seguirão talvez amanhã e, à cadência retumbante dos tambores, acaba de desembarcar, atravessando a cidade em direção ao forte S. Pedro, onde aquartelará, o 29º batalhão de infantaria.

E aguardam-se outros.

Como uma praça enorme de guerra, a Bahia tem, nesta hora, ressoando em sua atmosfera, a vibração das marchas marciais, notas altas de clarins, brados de armas incessantes e incessante retinir de espadas.

Não são mais segredo para ninguém as causas determinantes do insucesso da quarta expedição.

Todos os oficiais que inquiri acordam confirmando dois graves erros de que se aproveitaram habilmente os jagunços — duplamente armados depois do fracasso da expedição Moreira César — pela força moral da vitória e pelas armas tomadas.

O primeiro apontado completa outros que perturbaram altamente a marcha da 1ª coluna: estando na véspera de alcançar o morro da Favela, a pouco mais de uma légua do comboio das munições de boca e de guerra, aquela coluna, como se marchasse fatalmente para uma vitória infalível resultando de um rápido combate, deixou-o desguarnecido, completamente isolado. Travado o combate e esgotadas, afinal, diante de inesperada e tenaz resistência, as munições de guerra que a tropa levara nas cartucheiras, ficou esta inerme, completamente desarmada, debaixo das balas do inimigo, fulminada, presa num círculo de ferro e de fogo — e sem poder reagir com um só tiro! Nessa mesma ocasião, o comboio, por assim dizer abandonado, à retaguarda, era assaltado e facilmente tomado.

O resto é conhecido — a 2ª coluna, abandonando admirável posição estratégica arduamente conquistada, anulando todo o esforço despendido na travessia heroica de Cocorobó, refluiu vigorosamente sobre os bárbaros e salvou a primeira.

A este erro aliou-se um outro.

Na investida definitiva a Canudos a disposição geral dada ao ataque foi de tal natureza que, logo à entrada da grande aldeia, baralharam-se batalhões e brigadas, confundiram-se, enredaram-se, anularam-se as fileiras — e sem ordem, atumultuadamente avançando, rota a disciplina e ligado apenas pela bravura e entusiasmo de todos, o exército rolou sobre ela, sem orientação, como o extravasamento de uma onda impetuosa e enorme — alvo amplíssimo sobre o qual batia, caía em cheio a saraivada de balas dos jagunços, sem perder um tiro.

Foi ocupada apenas a metade da praça e as baixas foram extraordinárias. A bravura pessoal do soldado corrigiu em grande parte o desastrado plano de ataque.

Não antecipemos, porém, o juízo do futuro; passemos rapidamente sobre estes fatos lamentáveis.

* * *

A opinião geral, entre os combatentes que voltam, é que estamos no epílogo da luta.

Em grande parte assediado, Canudos liga-se agora aos sertões que o aviventam apenas pela estrada do Cambaio; fechada esta última pelas forças que seguem, os sitiados cederão pela fome. E esta última já se faz sentir entre eles, em que pese a sobriedade espartana que os garante. Vivem, inanidos quase. Diversos soldados que inquiri afirmam — surpreendidos, que o jagunço degolado não verte uma xícara de sangue.

Rude hipérbole talvez, esta frase é singularmente expressiva.

Afirmam ainda que o fanático morto não pesa mais que uma criança.

Acredita-se quase numa inversão completa das leis fisiológicas para a compreensão de tais seres nos quais a força física é substituída por uma agilidade de símios, deslizando pelas caatingas como cobras, resvalando céleres, descendo pelas quebradas, como espectros, arrastando uma espingarda que pesa quase tanto como eles — magros, secos, fantásticos, com as peles bronzeadas coladas sobre os ossos — ásperas como peles de múmias...

Afirmam também um fato que eu já previra: quatro ou seis jagunços faziam estacar perturbado um batalhão inteiro. Ao atravessarem a estrada ladeada de caatingas, em cujo seio fervilham espinhos de mandacarus e xiquexique, assaltadas por tiros certeiros e rápidos, e sem poderem saber sequer qual a direção do ataque, porque a pólvora sem fumaça não o revela, as tropas sentem-se invadidas de um desânimo singular e atiram ao acaso, em inevitável indisciplina de fogo.

No princípio da luta eram cenas cotidianas estas — o que explica claramente o grande número de feridos e mortos.

A situação é, porém, hoje muito diversa. As imediações de Canudos mesmo são francamente praticáveis e já têm vindo, sós, sem perigo, dali a Monte Santo muitas pessoas.

Está prestes a findar a dolorosíssima campanha.

BAHIA, 12 DE AGOSTO

Acabo de assistir na estação da Calçada ao desembarcar de cerca de oitenta feridos que chegam de Canudos e não posso, nestas notas ligeiras, esboçar um quadro indefinível com o qual se harmonizariam admiravelmente o gênio sombrio e o pincel funéreo de Rembrandt.

Ao apontar, vingando a última curva da estrada, o lúgubre comboio, a multidão, estacionada na *gare*, emudece, terminando bruscamente o vozear indistinto, e olhares curiosos convergem para a locomotiva que se aproxima, lentamente, arfando. Esta para, afinal, e, abertas as portinholas, começam a sair — golpeados, mutilados, baleados — arrastando-se vagarosamente uns, amparados outros e carregados alguns, as grandes vítimas obscuras do dever.

O frêmito de uma emoção extraordinária vibra longamente em todos os peitos, quase todas as frontes empalidecem e é sob um silêncio profundo que a multidão se cinde, espontaneamente, abrindo alas à passagem do heroísmo infeliz.

Os feridos chegam num estado miserando — relembrando antes turmas extenuadas de *retirantes* do que restos desmantelados embora, de um exército. Dificilmente se distingue uma farda despedaçada e incolor: calças que não descem além dos joelhos, reduzidas a tangas, rotas, esburacadas, rendilhadas pela miséria; camisas em farrapos mal revestindo corpos nos quais absoluto depauperamento faz com que apontem, vivíssimas, todas as apófises dos ossos.

É como uma procissão dantesca de duendes; contemplo-a através de uma vertigem, quase.

Considero-os, à medida que passam — coxeando, arrastando-se penosamente, trôpegos, combalidos, titubeantes, imprestáveis — trágicos candidatos à invalidez e à morte...

Uns trazem ao peito, suspensos em tipóias grosseiras os braços partidos ou desarticulados; arrastam outros penosamente as pernas inchadas enleadas em tiras ensanguentadas; e os pés disformes de quase todos salpicados de placas circulares denegridas patenteiam, trazem ainda profundamente cravados os longos espinhos dilacerantes do sertão. Ladeado e amparado por dois homens robustos, passa um belo tipo de caboclo do norte, ombros largos e arcabouço de atleta bronzeado e forte, aonde as agruras físicas não apagam a energia selvagem do olhar; — e, mais longe, um patrício do Sul talvez, figura varonil irrompendo elegante entre os andrajos, alevanta, numa tristeza altiva, a cabeça, — como se fosse uma auréola o trapo ensanguentado que lhe circunda a fronte baleada.

E mal caminham, muitos; e vêm, neste estado, de longa travessia pelas estradas, pelas serras aspérrimas do sertão, sob a adustão causticante do sol.

Alguns trazem à cabeça um paupérrimo troféu — o chapéu de couro dos jagunços.

A multidão contempla-os em silêncio; nem um brado de entusiasmo perturba a eloquência de uma mudez religiosa quase e imensa. Apenas num ou noutro ponto, um amigo, um irmão, um pai, uma mãe reconhece, divisa inopinadamente um rosto idolatrado e ouve-se um grito indefinível afogando-se num soluço... Desvio o olhar do quadro sobre-humano e passa enfim o último sacrificado.

Estas irrupções intermitentes de feridos imprimem em toda cidade, sempre, uma tristeza lúgubre e acabrunhadora.

Serão as últimas, porém; o sacrifício feito pela República não irá além.

Para os que conhecem a situação, a campanha, prestes a findar, não fará mais vítimas.

Em carta anterior expus já, firmemente baseado, as causas determinantes da hecatombe.

Não se fez uma guerra, subordinada a preceitos invioláveis — fez-se uma diligência policial com 8 mil homens.

Daí as consequências funestas conhecidas.

Perdido no deserto, jungido a provações imensas, muitas vezes sem os mais elementares recursos e sob o ataque persistente e traiçoeiro do inimigo, o soldado brasileiro jamais patenteará abnegação maior. Dificilmente se encontra, folheando a história inteira, um exército que, já quase faminto de véspera e extenuado de combates, se bate durante catorze horas, da madrugada à noite, sem tomar sequer uma gota de água.

E isto deu-se ao investirem contra Canudos; afirmam-no, contestes, testemunhas insuspeitas: a aspiração predominante no momento, dos vencedores, ao penetrarem as casas da zona conquistada, indiferentes ao inimigo que acaso dentro delas armasse as últimas trincheiras — era encontrar uma bilha d'água e um punhado de farinha!

É inverossímil que o nosso soldado, batendo-se dentro da própria pátria, chegasse ao extremo de considerar uma raiz de umbu como um regalo raro, de epicurista.

Que maior abnegação se pode exigir desses que, apesar de tudo isto, ainda a esta hora lá estão, firmes, inabaláveis, ombro a ombro quase com o adversário traiçoeiro, sob as tendas de combate erguidas dentro daquela povoação maldita?

As providências inúmeras, urgentes e seguras do ministro da Guerra têm tendido todas para a remoção de inconvenientes sérios.

À proporção que seguem para Monte Santo e Canudos as tropas, seguem as munições que lhes garantem a subsistência naquelas paragens selvagens. Por outro lado, uma linha contínua de piquetes ligará permanentemente aqueles pontos, permitindo a marcha segura dos comboios de víveres e munições e a transmissão rápida de correspondências — ligando, em suma, o exército distante à zona protetora dos recursos.

A campanha, em seu termo embora, assume uma feição racional, regularíssima — de resultados positivos, que se traduzirão em próxima vitória ainda quando, o que não é provável, revivesse o inimigo com a primitiva pujança.

Fora longo enumerar a vasta série de obstáculos removidos e providências prontamente dadas nestes últimos dias — no preparar, equipar e armar mesmo, às vezes, batalhões que chegam desprovidos de recursos e alguns com as armas imprestáveis.

E não são exageradas tais medidas — ou injustificáveis pela própria consideração de estar quase terminada a cruenta empresa. Rudemente provadas as forças que assediam a Meca dos *jagunços* devem ser, em parte, quanto antes, substituídas e reforçadas.

Além disto — por que não o dizer? — o imprevisto tem exercido sobre a nossa existência política uma ação tão persistente que deve entrar como elemento preponderante em todas as combinações; é preciso contar com ele; é preciso esperar — o inesperado...

BAHIA, 13 DE AGOSTO

Ontem, na cidade Baixa, ao atravessar em passeio uma rua, o general Savaget teve bruscamente tolhida a sua marcha cautelosa de convalescente.

Um cidadão qualquer reconheceu-o e pronunciou-lhe o nome, e, célere como um relâmpago, este nome imortal abrangeu num momento aquela zona comercial da cidade.

Estacaram, de súbito, negociantes que seguiam — passos estugados, azafamados, ruminando cifras, arquitetando transações — caminho dos bancos e da Bolsa; paralisou-se durante alguns minutos a movimentação complicadíssima de um mercado enorme e num dia comum, de trabalho, abriu-se repentinamente, como um parêntesis, vibrante e festivo, um quarto de hora de verdadeira festa nacional.

A linguagem seca dos telegramas transmitiu para aí o fato, mas não o pôde definir.

O velho combatente, que reviveu em Cocorobó o heroísmo lendário de Leônidas, teve, talvez, a mais bela consagração da sua glória imperecível.

Compreende-se a majestade do triunfo dos heróis que chegam, longamente esperados, entrando nas cidades ornamentadas, sob arcos triunfais artisticamente constituídos, emergindo aureolados do seio de um povo que veio à praça pública com o propósito, a intenção preestabelecida de saudá-los ardentemente.

Forra-se, porém, à compreensão vulgar, a cena extraordinária dessa ovação planeada num segundo, sem bandas marciais, sem hinos vibrantes, sem estandartes multicores palpitando nos ares, sem chefes, sem a *mise-en-scène* banal de sarrafos pintados, — feita repentinamente, ao acaso, no ângulo de uma rua e fundindo as almas todas em um brado único de admiração, surgindo de chofre e surpreendendo mais aos manifestantes do que ao vitoriado.

E num bairro exclusivamente comercial, explodindo de dentro da frieza calculista e sistemática do egoísmo humano...

Como verdadeiro herói, vencido pela expansão afetiva dos corações, fragílimo ante as saudações carinhosas,

De verre pour gémir, d'airain pour résister,

o velho lidador que atravessava, sob um chuveiro de balas as gargantas das Termópilas do sertão, animando com um sorriso perene o soldado, — comoveu-se profundamente.

Este fato, altamente expressivo, deve ser memorado; o povo aquilata com instinto admirável o valor desses homens e não erra nunca.

Eu conhecia de há muito, irradiando da história, definida em páginas notáveis, essa modéstia característica dos valentes e dos fortes.

Vi-a de perto, agora, ao visitar o general Savaget e o coronel Carlos Teles.

Encontrei este último no quartel da Palma.

Almoçava, rodeado de amigos, convalescente ainda de dois ferimentos, tendo sobre os ombros o pala rio-grandense, veste tradicional e inseparável do soldado do Sul.

Afeito, de há muito, como testemunha das mais agitadas quadras da existência da República, a presenciar afogueadas expansões de bravura em que os valentes se revestem de uma feição teatral, que é como o — charlatanismo da coragem — assombrou-me a placidez modesta de um homem, cujo nome é, hoje, na boca do nosso soldado, a palavra sagrada da vitória.

Inquiriu-me, solícito, pelos parentes ausentes, e ao referir-se depois, respondendo a perguntas dos circunstantes, aos episódios capitais da guerra, observei a preocupação de ocultar os próprios feitos, anulando-se voluntariamente, pelo patentear exclusivo de alheios rasgos de bravura.

Por outro lado, quem visitasse o general Savaget, no forte da Jequitaia, procurando o chefe impávido da 2ª coluna e prefigurando uma feição expressiva e enérgica de lidador estrênuo, teria positivamente uma decepção, ante um homem de aspecto modesto e digno, conversando calmo, com uma dicção corretíssima e gestos comedidos, revestido de uma adorável placidez burguesa, de todo contrastando ao renome guerreiro que o circunda.

Ao despedir-me, em íntima evocação de antiquíssima leitura, iluminou-me o pensamento a frase de French ao deixar John Stirling: senti-me de algum modo enobrecido e elevado a uma esfera superior àquela em que de ordinário nos deixamos voluntariamente ficar.

E depois disto sinto uma piedade estranha pelos bravos — e são tantos em toda a parte! — que fervilham em todos os lugares, de postura desempenada como se vestissem fardas sob espartilhos justos — de olhar dominador e gestos sacudidos — espantando a burguesia tímida com o relatar de estrepitosas façanhas, arrastando estridulamente, retinindo nas pedras das calçadas, os gládios cintilantes...

BAHIA, 15 DE AGOSTO

Há dias era o batalhão paulista que aqui saltava, definindo uma ressurreição histórica — a aparição triunfal dos *bandeirantes* renovando as investidas ousadas no sertão; depois os batalhões do Sul, netos e filhos de *farrapos*, trocando aqueles pampas vastíssimos, alterados, apenas num ou noutro ponto, pelas colinas levemente arredondadas, por um país diverso em que os horizontes se abreviam dentro de vales estreitos e as montanhas aprumadas paralisam as marchas; agora, do extremo Norte, da Amazônia, tostados pelos raios verticais dos sóis do equador, são os filhos do Pará que aqui chegam.

Vêm, sucessivamente, promanando de todos os pontos da nossa terra, convergindo todos para o seio da antiga metrópole, reunindo-se precisamente no solo onde pela primeira vez aparecemos na história — o paulista empreendedor e altivo, o rio-grandense impetuoso e bravo e o filho do Norte robusto e resistente. E a antiga capital abre-lhes o seio, agasalha-os no recinto sagrado de seus baluartes, despertando, transfigurada da quietude anterior, como que envolvendo no mesmo afago carinhoso e ardente, a numerosa prole há séculos erradia, esparsa.

Índoles diversas, homens nascidos em climas distintos por muitos graus de latitude, contrastando nos hábitos e tendências étnicas, variando nas aparências; frontes de todas as cores — do mestiço trigueiro ao caboclo acobreado e ao branco — aqui chegam e se unificam sob o influxo de uma aspiração única.

Parece um refluxo prodigioso da nossa história. Depois de longamente afastados, todos os elementos da nossa nacionalidade volvem bruscamente ao ponto de onde irradiaram, tendendo irresistivelmente para um entrelaçamento belíssimo.

Este espetáculo é eloquentíssimo e justifica de alguma sorte os que — otimistas nesta época tormentosa — veem nele a feição útil e boa, se é possível, desta campanha inglória.

Não é, certo, a primeira vez, esta, em que se opera uma arregimentação geral de forças e se unem os brasileiros esparsos.

O caso atual, porém, é, sob muitos aspectos, o mais expressivo de todos. Não se trata de defender o solo da pátria do inimigo estrangeiro; a luta tem uma significação mais alta e terá resultados mais duradouros.

Observo-a de perto, sinto de perto a comoção extraordinária que abala, aqui, todos os nossos patrícios; e interpretando com segurança essa uniformidade extraordinária de vistas que identifica na mesma causa elementos tão heterogêneos — creio que a organização superior da nossa nacionalidade, em virtude da energia civilizadora acrescida, repele, pela primeira vez, espontaneamente, velhos vícios orgânicos e hereditários tolerados pela política expectante do Império.

Porque, realmente, este incidente de Canudos é apenas sintomático; erramos se o considerarmos resumido numa aldeia perdida nos sertões. Antônio Conselheiro, espécie bizarra de grande homem pelo avesso, tem o grande valor de sintetizar admiravelmente todos os elementos negativos, todos os agentes de redução do nosso povo.

Vem de longe — repelido aqui, convencendo mais adiante, num rude peregrinar por estradas aspérrimas — e não mente quando diz que é um ressuscitado porque é um notável exemplo de retroatividade atávica e no seu misticismo interessante de doente grave ressurgem, intactos, todos os erros e superstições dos que o precederam, deixando-lhe o espantoso legado.

Acredita que não morre porque pressente, por uma intuição instintiva, que em seu corpo fragílimo de evangelizador exausto dos sertões, se concentram as almas todas de uma sociedade obscura, que tem representantes em todos os pontos da nossa terra.

Arrasta a multidão, contrita e dominada, não porque a domine, mas porque é o seu produto natural mais completo.

É inimigo da República não porque lhe explorem a imaginação mórbida e extravagante de grande transviado, mas porque o encalçam o fanatismo e o erro.

E surge agora; — permaneceu em vida latente longo tempo e devia aparecer naturalmente, logicamente quase, ante uma situação social mais elevada e brilhante, definida pela nova forma política como essas sementes guardadas há 4 mil anos no seio sombrio das pirâmides, desde os tempos faraônicos, e germinando espontaneamente agora, quando expostas à luz.

Daí a significação superior de uma luta que tem nesta hora a vantagem de congregar os elementos sãos da nossa terra e determinar um largo movimento nacional tonificante e forte.

Porque — consideremos o fato sob o seu aspecto real — o que se está destruindo neste momento não é o arraial sinistro de Canudos: — é a nossa apatia enervante, a nossa indiferença mórbida pelo futuro, a nossa religiosidade indefinível difundida em superstições estranhas, a nossa compreensão estreita da pátria, mal esboçada na inconsistência de uma população espalhada em país vasto e mal conhecido; são os restos de uma sociedade velha de retardatários tendo como capital a cidade de taipa dos *jagunços*...

Escrevo no meio agitado dos que se aprestam rapidamente para a campanha; observo-lhes o sentimento uniforme irrompendo de temperamentos diversos e prevejo os resultados positivos desse movimento cuja feição destruidora é um incidente transitório.

E por uma coincidência notável é dentro da antiga metrópole que ele se realiza; aqui se aliam hoje compatriotas que chegam dos mais afastados pontos. Vão suportar juntos os mesmos dias penosos, ligados materialmente pelos mesmos trabalhos e pelos mesmos perigos nas marchas difíceis e na batalha, ligados espiritualmente pela mesma aspiração, comungando sob o mesmo ideal — e ao voltarem amanhã, uma aliança moral mais firme dirimirá talvez a distância entre o Sul e o Norte, tornará com certeza mais harmônicos os variados fatores da nossa nacionalidade.

Esta quadra difícil traduzirá então, somente, um rude trabalho de adaptação a condições mais elevadas de existência; evolvemos.

Além disto recebemos uma lição proveitosa e inolvidável.

Os que governam reconhecerão os inconvenientes graves que resultam, de um lado dessa insciência deplorável em que vivemos acerca das regiões do interior de todo desconhecidas muitas, e, de outro, o abatimento intelectual em que jazem os que as habitam.

Sobretudo este último é um inimigo permanente.

Quando voltarem vitoriosas as forças que ora convergem aqui, — completemos a vitória.

Que pelas estradas, ora abertas à passagem dos batalhões gloriosos, que por essas estradas amanhã silenciosas e desertas, siga, depois da luta, modestamente, um herói

anônimo sem triunfos ruidosos, mas que será no caso vertente, o verdadeiro vencedor:
O mestre-escola.

Aguardando ainda, aqui, a próxima partida para os sertões, e sob a sugestão perene dos quadros que tenho exposto, mal releio as linhas que escrevo, longe da tranquilidade de um gabinete de estudo e da inspiração serena dos livros prediletos.

É possível que das notas rápidas de um diário, em que os períodos não se alinham corretos, disciplinados e calmamente meditados, ressumbrem exageros; é possível mesmo que eu os releia mais tarde com surpresa. Mas nessa ocasião estarei como os que agora as leem — fora do círculo hipnótico de um entusiasmo sincero e não terei, como agora tenho, diante de mim a visão deslumbrante de uma pátria regenerada —, ao ver passar, ao ritmo retumbante dos tambores, os titãs bronzeados que chegam do Norte numa revivescência animadora de energias...

BAHIA, 16 DE AGOSTO

Ao chegar aqui e assaltado logo por impressões novas e variadas, perturbadoras de um juízo seguro, acredito, às vezes, que avaliei imperfeitamente a situação e dominado talvez pela opinião geral entre os que voltavam de Canudos disse também com eles:

— Está quase terminada a luta e não fará mais vítimas.
Homens da maior respeitabilidade, que por escusado me permito não citar, afirmaram-me categoricamente, convictos, que na povoação sitiada não existiam, talvez, duzentos rebeldes, diminuídos além disto cotidianamente pela fuga todas as noites, através da estrada franca do Cambaio e pelos estragos de um bombardeio persistente.

Outras testemunhas de vista garantiram, contestes, que nos combates subsequentes à grande batalha de 18 de julho, foram vistos, os *jagunços*, desmoralizados e acobardados, a ponto de pelejarem entre dois adversários — os soldados pela frente e os chefes pela retaguarda levando-os, tangidos a bastonadas, ao combate não desejado.

Há muitas testemunhas oculares deste fato, definidor do máximo desânimo entre os fanáticos.

Por outro lado, prisioneiros de ambos os sexos, concordam em afirmar um fato que patenteia um começo de discórdia: o Conselheiro quis ceder rendendo-se e foi tenazmente impedido por Vila-Nova, espécie de chefe temporal da grei rebelada.

— Fica; faze os teus milagres! foi a intimativa enérgica e dominadora do cabecilha. E o profeta claudicante que garantira que as tropas do *governo do Diabo* desta vez não veriam sequer as torres sagradas das igrejas de *Belo Monte* (Canudos), quebrado o primitivo encanto, cedeu.

Além de tudo isto, a miséria a mais profunda e a fome refletidas nos corpos quase inanidos, carcaças quase vazias dos prisioneiros feitos — e dos mortos cuja estranha magreza é a nota constante das narrativas que fazem os soldados — iam, certo, lentamente, completando a destruição.

As estradas inteiramente francas e praticáveis, livres das emboscadas primitivas, atravessadas calmamente pelos que aqui têm chegado, indicam que a região em torno está de todo expurgada de inimigos.

Ora todas essas versões já são velhas nesta quadra tormentosa em que uma hora tem um valor imenso; já têm quinze dias.

Há quinze dias que se aguarda a todos os minutos a rendição do arraial, já ocupado, em parte, pelas nossas forças e tendo apenas duzentos inimigos combalidos pelas fadigas e pela fome, cindidos pela discórdia e desalentados a ponto de irem para a batalha — a pau...

E se considerarmos que eles sabem dos reforços que seguem e dos que hoje, neste momento, devem estar chegando a Canudos, para completar o cerco, trancando-lhe definitivamente a única estrada livre — e da qual não se aproveitam, em tempo, fugindo à morte inevitável — somos irresistivelmente levados a considerar a campanha, em vez de próxima ao seu termo, sob a sua feição primitiva, incompreensível, misteriosa.

Ela tem-no sido desde o começo; desde o princípio que os desastres sobrevêm — surpreendendo a toda a gente, inesperadamente, caindo de chofre no momento em que se espera a vitória e se antecipam ovações triunfais.

Por que razão os *jagunços*, desmoralizados, em número reduzido, tendo ainda franca a fuga para o sertão indefinido e impérvio onde não há descobri-los, no seio de uma natureza que é a sua melhor arma de guerra — esperam que lhe fechem a única estrada para a salvação, aguardam que se complete o sítio do qual resultarão a rendição e todas as suas funestas consequências?

Afastada a hipótese de um devotamento sobre-humano que lhes imponha o sucumbir sob os muros desmantelados dos templos que alevantaram — quase que se *é* irresistivelmente inclinado a pensar numa nova cilada caindo *ex-abrupto*, baralhando mais uma vez os planos da campanha.

Do mesmo modo que as nossas tropas anseiam por novos reforços que chegam, não esperarão eles, acaso, dos sertões desconhecidos que se desdobram ao norte e noroeste de Canudos, fortes contingentes que ponham a nossa gente entre dois fogos?

Não será também lícito conjecturar, afastada esta suposição, que o número relativamente pequeno dos que permanecerem no arraial, arrostando todos os perigos, tenha como objetivo atrair exclusivamente para ali o exército e ali demorá-lo, iludido durante algum tempo, até que se revigorem os fanáticos e se reúnam e se reforcem em outro qualquer ponto de mais difícil acesso, mais profundamente encravado no sertão?

Estas interrogativas avultam em meu espírito desde o dia em que procurando tirar uma média das opiniões que aqui circulam não o consegui e compreendi que grande parte dos que voltam daquelas paragens, desconhecem a situação tanto quanto os que lá não foram.

Acresce mais que se ainda ontem, unânimes, oficiais distintíssimos afirmavam-me que a povoação estava quase que toda abandonada e destruída — hoje distintíssimos oficiais, recém-vindos, cujos nomes poderei citar, afirmam que ela ainda tem muita gente, perfeitamente municiada e apta para longa e tenaz resistência.

Procurar-se a verdade neste torvelinho é impor-se a tarefa estéril e fatigante de Sísifo.

O espírito mais robusto e disciplinado esgota-se em conjecturas vãs; nada deduz — oscila indefinidamente, intermitentemente, num agitar inútil de dúvidas, entre conclusões opostas, do desânimo completo à esperança mais alta.

Os próprios soldados, rudes homens sinceros, despeados das paixões que enlaçam os que atuam num plano superior da vida, não acordam muitas vezes no que afirmam. Muitos lá estiveram desde as primeiras expedições e confessam ingenuamente, lealmente, que nada sabem, nunca viram o inimigo senão depois de morto, nunca o viram frente a frente, braço a braço, na refrega do combate, não o conhecem absolutamente, não sabem quantos existem.

Como se tudo isto não bastasse para impressionar vivamente e fazer vacilar o espírito mais enérgico, aí estão estas irrupções diárias, cuja descrição tenho feito sem exagero, de feridos, cujo número assombra — chegando invariavelmente todos os dias, enchendo inteiramente todos os hospitais e transbordando agora deles e derivando agora para o seio dos conventos. E aí estão mais tristes ainda se é possível, mais dolorosos e deploráveis — estes inqualificáveis pedidos de reforma feitos diante do inimigo, sob a bandeira da pátria varada de balas; três ou quatro talvez que doem mais do que a derrota de uma brigada e cuja notícia chega de um modo lúgubre no seio dos que se aprestam para a luta.

E diante de tudo isto, diante de tantas opiniões desencontradas acerca de um inimigo que permanece inabalável dentro de um círculo de ferro, e que gera tantos males produzindo estas multidões de mártires heroicos menos tristes, digamo-lo de passagem, do que a meia dúzia dos que têm a coragem sobre-humana de dizer ao país inteiro que são cobardes, — diante desta situação realmente indefinível, justificam-se amplamente todas as dúvidas, compreendem-se as interrogações que fizemos.

E se considerarmos ainda que, realmente, conforme ontem declaramos, este incidente de Canudos é apenas sintomático, falseando a verdade quem o considerar resumido nas agitações de um arraial sertanejo porque nesta hora mesmo, falo com inteiro conhecimento de causa, nesta grande capital — cuja população, em sua maioria, é de uma nobreza admirável e tem-se revelado de uma generosidade sem par nesta emergência — nesta hora mesma, aqui, há velas que se acendem em recônditos altares e preces fervorosamente murmuradas em prol do sinistro evangelizador dos sertões cujos prosélitos não estão todos lá — se considerarmos isto, então, não há conjecturas que se não justifiquem, por mais ousadas que sejam.

Realmente, quem quer que no momento atual, subordinado a uma lei rudimentar de filosofia, procure, neste meio, calcar as concepções subjetivas sobre os materiais objetivos, não as terá seguras e animadoras quando estes são tão incoerentes e desconexos.

Eu desejo, porém, estar em erro; desejo ardentemente que sejam estas linhas divagações exageradas e que o futuro fique eternamente mudo diante daquelas interrogações. Que ao chegar aí esta carta — alarmante, talvez, sincera com certeza — chegue também a nova da vitória, destruindo-a e impedindo a sua publicação.

Nunca desejei tanto receber uma réplica esmagadora, uma contradita vitoriosa.

BAHIA, 18 DE AGOSTO — UM EPISÓDIO DA LUTA

Em dias de junho último um dos filhos de Macambira, adolescente de quinze anos, abeirou-se do rude chefe sertanejo:

— Pai, quero destruir a *matadeira*. (Sob tal denominação indicam *os jagunços o* canhão Krupp, 32, que tem feito entre eles estragos consideráveis.)

O sinistro cabecilha, espécie grosseira de *Imanus* acobreado e bronco, fitou-o impassível:

— Consulte o Conselheiro — e vai.

E o rapaz seguiu acompanhado de onze companheiros atrevidos.

Atravessaram o Vaza-Barris seco e fracionado em cacimbas, investiram contra a primeira encosta à margem direita, embrenharam-se, num deslizar macio e silencioso de cobras, pelas caatingas próximas.

Ia em meio o dia.

O sol, num firmamento sem nuvens, dardejava a pino sobre os largos tabuleiros, lançando, sem fazer sombra, até ao fundo das quebradas mais fundas, os raios verticais ardentes.

Naquelas paragens longínquas e ingratas o meio-dia é mais silencioso e lúgubre do que as mais tardias horas da noite. Reverberando nas rochas expostas, largamente refletido nas chapadas desnudadas, sem vegetação ou absorvidas por um solo seco e áspero de grés, os raios solares aumentam de ardor; e o calor emitido para a terra reflui para o espaço nas colunas ascendentes do ar dilatado, morno, irrespirável quase.

A natureza queda-se silenciosa num aniquilamento absoluto; não sulca a viração mais leve os ares, cuja transparência perto do solo se perturba em ondulações rápidas, candentes; repousa dormitando a fauna resistente das caatingas; murcham as folhas, exsicadas, nas árvores crestadas.

O exército repousava esmagado pela canícula.

Deitados e esparsos pelas encostas, bonés postos aos rostos para resguardá-los, dormitando, ou pensando nos lares distantes os soldados aproveitavam alguns momentos de tréguas, restabelecendo forças para a afanosa lide.

Em frente, enorme, derramada sem ordem sobre a larga encosta em que se erige, com as suas exíguas habitações desordenadamente espalhadas, sem ruas e sem praças, acervo incoerente de casas, aparecia Canudos, deserta e muda, como uma tapera imensa, abandonada.

Circunvalando-a, em parte, como um fosso irregular e fundo, o Vaza-Barris prolonga-se à direita, sinuoso, desaparecendo, longe, entre as gargantas abruptas de Cocorobó. No fundo, fechando o horizonte, desdobrava-se a lombada extensa da serra da Canabrava...

O exército repousava... Nisto despontam, emergindo cautos, à borda do mato rasteiro e trançado de árvores baixas e esgalhadas, na clareira em que estaciona a artilharia, doze rostos espantados — olhares rápidos perscrutando todos os pontos, — doze rostos apenas de homens ainda mergulhados, de rastos, no seio trançado das macambiras.

E surgem lentamente; ninguém os vê; ninguém os pode ver; — dá-lhes as costas, numa indiferença soberana, o exército que repousa.

Em frente, a cinquenta metros apenas eles divisam o objetivo da empresa.

Como um animal fantástico e monstruoso, o canhão Krupp, a *matadeira,* assoma sobre o reparo resistente, voltada para *Belo Monte* a boca truculenta e flamívoma — ali — sobre a cidade sagrada, sobre as igrejas, prestes a rugir golfando as granadas formidáveis — silenciosa agora, isolada e imóvel — brilhante o dorso luzidio e escuro, onde os raios do sol caem, refletem, dispersam-se em cintilações ofuscantes.

Os fanáticos audazes aprumam-se à borda da clareira e arrojam-se impávidos sobre a peça odiada.

Vingam a distância de um salto e circundam o monstro de aço, silenciosos, terríveis — resfolegando surdamente.

Um dos mais robustos traz uma alavanca pesada; — ergue-a e a pancada desce violentamente, retinindo.

E um brado de alarme altíssimo e viril, partindo bruscamente o silêncio universal das coisas, multiplicando-se nas quebradas, enchendo o espaço todo, desdobrado em ecos que ascendem de todos os vales, refluem rápidos nas montanhas, um brado de alarme alteia-se, numa vibração triunfal, estrugidor e imenso.

Formam-se rapidamente os batalhões; num momento os atacantes ousados veem-se, presos, num círculo intransponível de baionetas e caem sob os golpes e sob as balas.

Um apenas se salva, golpeado, baleado, saltando, correndo, rolando, intangível entre os soldados, atravessando uma rede de balas, vingando as pontas das baionetas, caindo em cheio nas caatingas que atravessa velozmente e despenhando-se, livre afinal, alcandorado sobre abismos, pelos pendores aprumados da montanha...

Estas e outras histórias, contam-nas, aqui, os soldados, colaboradores inconscientes das lendas que envolverão mais tarde esta campanha crudelíssima.

BAHIA, 19 DE AGOSTO

O coronel Carlos Teles trouxe de Canudos um *jagunço* adolescente.

Chama-se Agostinho — catorze anos, cor exatíssima de bronze; fragílimo e ágil; olhos pardos, sem brilho; cabeça chata e fronte deprimida; lábios finos, incolores, entreabertos num leve sorriso perene, deixando perceber os dentes pequeninos e alvos.

Responde com vivacidade e segurança a todas as perguntas.

Descreveu nitidamente as figuras preponderantes que rodeiam o Conselheiro e, tanto quanto o pode perceber a sua inteligência infantil, a vida em Canudos.

O braço direito do rude evangelista — já o sabíamos — é João Abade, mameluco quase negro — impetuoso, bravo e forte —, de voz retumbante e imperativa; bem-vestido sempre. Comandou os fanáticos no combate de Uauá. É o executor supremo das ordens do chefe. Castiga a palmatoadas na praça, em frente às igrejas, aos que roubam ou vergasta as mulheres que procedem mal. Exerce estranho domínio sobre toda a população.

Substituía-o, em certas ocasiões, *Pajeú*, hoje morto, caboclo alto e reforçado, figura desempenada de atleta, incansável e sem par no vencer rapidamente as maiores distâncias, transmitindo ordens, aparecendo em todos os pontos, violento e terrível na batalha, tendo na mão direita a espingarda contra o soldado e na esquerda longo cacete para estimular vigorosamente *os jagunços* vacilantes na refrega. Bulhento, tempestuoso, mas de costumes simples, sem ambições.

Vila-Nova, comerciante, dono das melhores casas de negócio que constituíam o *comércio*, riquíssimo e procurando agora uma função predominante.

Pedrão, mestiço de porte gigantesco; atrevido e forte. Comandou os fanáticos na travessia admirável de Cocorobó.

Macambira, velho rebarbativo e feio; inteligentíssimo e ardiloso. Com surpresa ouvi: Macambira é de uma cobardia imensa; as próprias mulheres não o temem. Ninguém, porém, prepara melhor uma cilada; é o espírito infernal da guerra, sempre fértil no imaginar emboscadas súbitas, inesperadas.

O filho Joaquim Macambira era, pelo contrário, valente; morreu tentando, em assalto audacioso, inutilizar, acompanhado apenas de onze companheiros, o canhão Krupp, 32.

Manoel Quadrado, homem tranquilo e inofensivo; curandeiro experimentado, debelando as moléstias mercê de uma farmacopeia rudimentar; conhecedor de todas as folhas e raízes benéficas, vivendo isolado num investigar perene, pelas drogarias inexauríveis e primitivas das matas.

José Félix, o *Taramela*, é o guarda do santuário e das igrejas; é quem abre as portas à passagem solene do Conselheiro ou introduz os que o procuram — o apelido sobreveio-lhe desta última função. Tem sob as suas ordens oito beatas, moças acabocladas, servas submissas do evangelizador, servindo-lhe em pires exíguos a refeição frugal, trazendo-lhe o banho diário, cuidando-lhe da roupa, acendendo cotidianamente no vasto alpendre das orações as fogueiras que iluminam a multidão genuflexa, rezando o terço. Vestem roupas azuis, cingidas as cinturas por cordas de linho alvíssimo; não variam nunca este uniforme consagrado.

Quanto a Antônio Conselheiro, ao invés da sordidez imaginada dá o exemplo de notável asseio nas vestes e no corpo. Ao invés de um rosto esquálido agravado no aspecto repugnante por uma cabeleira mal tratada onde fervilham vermes — emolduram-lhe a face magra e macerada, longa barba branca, longos cabelos caídos sobre os ombros, corredios e cuidados.

Raro abandona o santuário; não faz visitas. Todos, inclusive o João Abade, de aspecto minaz, dirigem-se a ele, descobertos, olhos fixos no chão. Nas raras excursões que faz, envolto na túnica azul inseparável cobre-se de amplo chapéu de abas largas e caídas, de fitas pretas.

O seu domínio é de fato absoluto; não penetra em Canudos um só viajante sem que ele o saiba e permita. As ordens dadas, cumpridas religiosamente. Algumas são crudelíssimas e patenteiam a feição bárbara do maníaco construtor de cemitérios e igrejas.

Depois do combate de Uauá, heroicamente sustentado pela primeira expedição do tenente Pires Ferreira, propalou-se no arraial que um dos seus habitantes, um certo Mota, havia prevenido a força expedicionária do grande número de inimigos que a aguardavam mais adiante e que a dizimariam fatalmente. O Conselheiro murmurou uma ordem a *Pajeú*: no outro dia o traidor e toda a família eram mortos.

Tendo sucumbido muitos *jagunços* naquele combate, algumas viúvas esqueceram-se, cedo, escandalosamente, dos esposos mortos: amarradas firmemente em postes no largo, em frente a toda a população convocada, foram rudemente vergastadas por João Abade e, depois, expulsas do arraial.

É absolutamente interdito o uso da aguardente, a *caninha*, sócia amiga das horas desocupadas do sertanejo do sul. Uma vez apareceu, inesperada, em Canudos, uma tropa pequena — seis cargueiros carregados de aguardente.

O tropeiro audaz, que ideava talvez altos lucros levando-a àquele recanto longínquo teve, porém, a mais dolorosa decepção: os doze barris foram esvaziados na praça pública, derramando-se pelo solo o líquido condenado.

Por outro lado uma tolerância inexplicável. Afirma o pequeno *jagunço* que o velho vigário de Cumbe, ali aparecia, de quinze em quinze dias — dizendo missa nas igrejas diante do próprio Conselheiro que lhe permitia casar e batizar, obstando apenas os sermões.

Indaguei sobre a natureza dos trabalhos agrícolas —, rudimentares, quase nulos. O trabalho sob a sua forma mais generalizada consiste em *ganhar* em Monte Santo, Jeremoabo e outras povoações circunjacentes. A criação mais numerosa é a de bodes, em número quase incalculável, enchendo, em torno, os plainos dilatados das chapadas, quase sem donos, sem trato, ariscos, retrogradando pelo abandono ao estado selvagem primitivo.

* * *

Depois destas informações interroguei-o sobre questões mais sérias:

—De onde provém todo o armamento dos *jagunços*?

A resposta foi pronta. Antes da primeira expedição consistia em espingardas comuns, bacamartes e bestas, destinadas, estas últimas, em cujo meneio são incomparáveis, não perdendo uma seta, à caçada dos *mocós* velozes e esquivos. Seis ou sete espingardas mais pesadas, de bala — carabinas Comblain, talvez. Depois do encontro de Uauá e das expedições que o sucederam é que apareceram novas armas, em grande número, no arraial.

Os canhões deixados pela coluna Moreira César, cujo manejo não puderam compreender, foram depois de inutilizados a golpes de alavanca e malhos, atirados num esbarrondadeiro próximo.

Terminamos o longo interrogatório inquirindo acerca dos milagres do Conselheiro. Não os conhece, não os viu nunca, nunca ouviu dizer que ele fazia milagres. E ao replicar um dos circunstantes que aquele declarava que o *jagunço* morto em combate ressuscitaria — negou ainda.

— Mas o que promete afinal ele aos que morrem?

A resposta foi absolutamente inesperada:

— Salvar a alma.

Estas revelações feitas diante de muitas testemunhas têm para mim um valor inestimável; não mentem, não sofismam e não iludem, naquela idade, as almas ingênuas dos rudes filhos do sertão.

BAHIA, 20 DE AGOSTO

Aguardando ainda, contrafeito, a próxima partida para o sertão, percorro — desconhecido e só — como um grego antigo nas ruas de Bizâncio as velhas ruas desta grande capital, num indagar persistente acerca de suas belas tradições e observando a sua feição interessante de cidade velha chegando, intacta quase, do passado a estes dias agitados.

E lamento que o objetivo capital e exclusivo desta viagem me impeça estudá-la melhor e transmitir as impressões recebidas.

Porque é realmente inevitável esta intercorrência de sensações estranhas e diversas, invadindo de modo irresistível o assunto e programa preestabelecidos.

Numa hora assaltam-me, às vezes, as mais desencontradas impressões.

Visitando, há pouco, o mosteiro de S. Bento, por exemplo, onde se acumulam agora os feridos que chegam, depois de atravessar por entre extensos renques de leitos contristadores, desci ao pavimento inferior.

Atravessei as naves extensas, cautelosamente, a passos calculados, olhos fixos no chão, procurando não pisar as lajes tumulares sobre as quais indiferentes pisam todos os devotos e onde se leem ainda, semiapagadas pelo atrito persistente das botas, nomes entre os mais velhos da nossa história. — E despeando-me de todo do objetivo que me levara até ali —, acurvado sobre as lousas que aparecem como palimpsestos de mármore mal descobertos memorando remotíssimos dias, permaneci largo tempo, absorto.

Que transição enorme em cinco minutos apenas, nesse passar insensível e rápido, ao descer uma escada, de um presente agitado e ruidoso à penumbra silenciosa do passado indefinido...

Felizmente, prosseguindo atingi insensivelmente a ampla portada e ao transpô-la, volvi, de chofre, ao presente.

* * *

Assomava, subindo em marcha forçada extensa ladeira e atingindo a praça de Castro Alves, numa irradiação de baionetas cintilantes, o 4º batalhão de infantaria. Vem de longe, do sul — é o último que aguardamos.

Completam-se com ele 25 batalhões de linha, aos quais se adicionam os corpos policiais daqui, de S. Paulo, do Pará, do Amazonas e contingentes de artilharia e cavalaria.

Calculo com aproximação razoável em 10 mil homens no mínimo, a tropa que irá combater a rebeldia no sertão.

E diante dessa multidão armada, assombra-me mais do que os perigos naturais da guerra, a soma incalculável de esforços para alimentá-la através de regiões quase impraticáveis pelos desnivelamentos bruscos das estradas que se aprumam nas serras e se estreitam em desfiladeiros extensos.

Um cálculo rápido mostra-nos que aquele minotauro de 10 mil gargantas passará mal, jejuando quase, com 150 sacas de farinhas e duas toneladas de carne, por dia!

E isto excluindo gêneros alimentícios elementares que constituem um luxo ante as condições estritas da guerra.

Este fato exprime uma das condições mais sérias e difíceis da campanha: é o combate tenaz, inglório e assustador a um inimigo que morre e revive todos os dias, envolvendo nos mesmos transes amigos e adversários — a fome.

As condições naturais do terreno, dificultando um transporte rápido, criando toda a sorte de tropeços já determinaram mesmo, como é sabido, o aparecimento daquela no nosso exército. Já se passaram dias cruéis num desordenado apelar para todos os recursos que pode fornecer a região — vivendo as forças à mercê do acaso, de raízes de umbu, ou talos túmidos de seiva de mandacarus, ou caçando os bodes ariscos das chapadas, em montarias ousadas nas caatingas.

Ora, essa situação lamentável está apenas atenuada hoje e cada comboio que chega ilude-a somente por um dia.

Imagine-se agora a série de dificuldades que sobrevirão com maior acúmulo de homens.

Além de demoradas as marchas, a falta de cargueiros torna diminutíssimas as munições transportadas. Porque, devemos dizê-lo francamente, o que há além de Monte Santo e mesmo além de Queimadas, é o deserto na significação rigorosa do termo — árido, aspérrimo, despovoado.

As populações circunvizinhas, dispersas, perderam-se longe, ocultando-se nas matas, povoando os mais afastados arraiais, abandonando casas e haveres, espavoridas ante o espantalho aterrador da guerra. E têm razão.

Impressiona vivamente a narrativa de viagem dos que têm vindo, livres no entanto das primitivas emboscadas, atravessando as estradas que irradiam de Monte Santo. Desdobram-se pelo sertão absolutamente vazias e monótonas.

Apenas num e noutro ponto como variante sinistra: por um requinte de perversidade satânica os *jagunços* dispuseram em série nas duas bordas do caminho as ossadas dos mortos de anteriores expedições.

Dólmãs, bonés, galões, talins, calças vermelhas rutilantes, amplos capotes, camisas em pedaços, selins e mantas, pendurados nos galhos das árvores, oscilam lugubremente sobre a cabeça do viajante que passa, aterrado, atravessando entre duas fileiras de caveiras adrede dispostas, enfileiradas aos lados.

É um quadro pavoroso capaz de perturbar a alma mais robusta.

O malogrado coronel Tamarindo — um velho soldado jovial como havia poucos — foi reconhecido pela farda nesse cenário fantástico; sem cabeça, espetado num galho seco de angico e tendo sobre os ombros descarnados, pendido como num cabide, descendo-lhe pelo esqueleto abaixo, o dólmã.

Toda a 1ª coluna passou, assombrada, diante do espectro formidável do velho comandante.

Todas estas causas justificam o pânico indescritível que lavra atualmente no sertão e o refluir desordenado de populações inteiras para os mais remotos pontos.

O exército agita-se agora num deserto de trinta léguas de raio e é absolutamente necessário que a ação desta expedição — que será a última — seja rápida e fulminante a despeito de todos os sacrifícios que se tornem necessários.

Creio que partimos afinal por estes dias. Ajuizarei então, *in situ*, acerca do que até agora tenho sabido através de narrativas que nem sempre se ajustam nas mesmas conclusões.

E que aquela natureza selvagem, mas interessante, aquele recanto bárbaro da nossa terra, sob a atração persistente de seu aspecto ainda desconhecido, torne ligeiras e rápidas estas horas de saudade que não posso definir.

BAHIA, 21 DE AGOSTO

Em carta anterior declarei que aqui atravessava os dias aguardando próxima partida para o sertão, sob o domínio de impressões vivíssimas e diversas, num investigar constante acerca do nosso passado, vindo, intacto quase aos nossos dias, dentro desta cidade tradicional, como numa redoma imensa.

E lamentei que o objetivo exclusivo da viagem obstasse à manifestação de muitas coisas interessantes que dele se afastam.

A *poeira dos arquivos* de que muita gente fala sem nunca a ter visto ou sentido, surgindo tenuíssima de páginas que se esfarelam ainda quando delicadamente folheadas, esta poeira clássica — adjetivemos com firmeza — que cai sobre tenazes investigadores ao investirem contra as longas veredas do passado, levanto-a diariamente. E não tem sido improfícuo o esforço.

Tenho, agora, entre duas brochuras antigas, um documento relativamente moderno mas altamente expressivo acerca dos últimos acontecimentos.

E um jornal modestíssimo e mal impresso, a *Pátria*, de S. Félix de Paraguaçu — nº 38, de 20 de maio de 1894. Tem, portanto, pouco mais de três anos.

Na última coluna da primeira página, encimando-a, avulta um título sugestivo: *Ainda o Conselheiro*.

O artigo é longo; a redação refere-se a uma carta recebida de um negociante filho de Monte Santo.

Transcrevo os trechos principais:

"Pessoas vindas dos Canudos, hoje *Império do Belo Monte*, garantiram a este nosso amigo que têm chegado grupos de assassinos e malfeitores do Mundo Novo a fim de fazerem parte do 'exército garantidor das instituições imperiais'.

"As coisas não vão boas, e nós não escaparemos em caso de ataque. Já o Conselheiro, afora a canalha fanatizada e assassina tem um batalhão de duzentos e tantos homens os quais fazem exercício de fogo todos os dias e vigiam os arredores.

"Não sabemos qual será a intenção desse homem tão ignorante e criminoso, armando batalhões e aliciando gente para luta.

"É forçoso reconhecer, seja como for, que o governo pagará bem caro esta sua inação e que todo o sertão ficará sob o mais desolador e pungente definhamento. O dr. Rodrigues Lima, filho dos belos sertões, deve compadecer-se dos seus irmãos do centro e pedir informações sobre os desmandos de Canudos. O combate *imortal* do Masseté que, para experiência de desgraçada derrota e cobardia devemos recordar, foi o início de todos estes desvarios.

"Se naquele tempo, as oitenta praças de linha que vieram até Serrinha, marcham logo sobre o homem, certamente o tinham esmagado, porque o seu grupo era de 85 homens, mal armados e mal municiados.

"Hoje a coisa é dez vezes pior, porque além de estar ele protegido pela posição estratégica dos Canudos, cercado de morros e caatingas incultas e difíceis, tem elementos fortes, gente superior e trincheiras perigosas.

"O marechal Floriano, sábio na sua administração, enérgico e ativo nas suas medidas, deve empenhar-se para ser o salvador nessa tormentosa questão que tanto prejuízo há de causar à Bahia."

Termina aqui o artigo.

Não o comentemos.

Há três anos que da pena inexperta de um sertanejo inteligente surgia a primeira página desta campanha crudelíssima.

BAHIA, 23 DE AGOSTO

Há quinze anos, em 1882, o tenente-coronel Durval Vieira de Aguiar foi incumbido pelo governo provincial da inspeção de todos os destacamentos policiais da Bahia.

Enérgico e resoluto o digno funcionário atravessou de extremo a extremo as paragens perigosas do sertão, revelando-se observador perspicaz e inteligentíssimo.

E fez um livro no qual se condensam dados estatísticos valiosos sobre as povoações visitadas e interessantes notas acerca da existência primitiva das mais afastadas povoações — emoldurados por um estilo fluente e claro.

Extrato, respeitando todos os grifos, da página 79 daquele livro — descrições práticas da província da Bahia — um longo trecho cuja significação é hoje maior do que na época em que foi escrito.

O autor refere-se à sua passagem por Monte Santo:

"Quando por ali passamos achava-se na povoação um célebre *Conselheiro*, sujeito baixo, moreno acaboclado, de barbas e cabelos pretos e crescidos, vestido de camisolão azul, morando sozinho em uma desmobiliada casa, onde se apinhavam as beatas e afluíam os presentes, com os quais se alimentava. Este sujeito é mais um fanático do que um anacoreta e a sua ocupação consiste em pregar uma incompleta moral, ensinar rezas, fazer prédicas banais, rezar *terços* e ladainhas com o povo; servindo-se para isto das igrejas, onde, diante do viajante civilizado, se dá a um irrisório espetáculo, especialmente quando recita um *latinório* que nem ele nem os ouvintes entendem. O povo costuma afluir em *massa* aos atos religiosos do *Conselheiro*, a cujo aceno cegamente obedece e resistirá ainda mesmo a qualquer ordem legal, por cuja razão os vigários o deixam impunemente *passar por santo*, tanto mais quanto *ele nada ganha* e ao contrário promove os batizados, casamentos, desobrigas, festas, novenas e tudo mais em que consistem os rendimentos da igreja. Nessa ocasião havia o Conselheiro concluído a edificação de uma elegante igreja no *Mucambo* e estava construindo uma excelente igreja no *Cumbe*, onde a par do movimento do povo, mantinha ele admirável paz."

Há quinze anos...

À medida que nos avantajamos no passado aparecem de um modo altamente expressivo as diversas fases da existência desse homem extraordinário — fases diversas, mas crescentes e sempre numa sucessão harmônica, lógicas nas suas mais bizarras manifestações, como períodos sucessivos da evolução espantosa de um monstro.

Diante de tudo isto, é singular a teimosia dos que de algum modo o querem nobilitar, alteando-o ao nível de simples mediocridade agitada ou maníaco imbecil, quase inofensivo, — arrancando-o, erguendo-o da profunda depressão em que jaz como homem fatal, tendo, diametralmente invertidos, todos os atributos que caracterizam os verdadeiros grandes homens.

Tudo é relativo; considerá-lo um fanático vulgar é de algum modo enobrecê-lo.

A matemática oferece-nos neste sentido uma apreciação perfeita: Antônio Conselheiro não é um nulo, é ainda menos, tem um valor negativo que aumenta segundo o valor absoluto da sua insânia formidável.

Chamei-lhe por isto, em artigo anterior, — grande homem pelo avesso.

Gravita para o *minimum* de uma curva por onde passaram todos os grandes aleijões de todas as sociedades. Mas está em evidência; não se perde no anonimato da mediocridade coletiva de que nos fala Stuart Mill, embora seja inferior ao mais insignificante dos seres que a constituem.

E entrará na história — pela porta baixa e escura por onde entrou Mandrin.

Além disto, as condições mesológicas nas quais devemos acreditar, excluídos os exageros de Montesquieu e Buckle, firmando um nexo inegável entre o temperamento moral dos homens e as condições físicas ambientes, deviam formar profundamente obscura e bárbara, uma alma que num outro meio talvez vibrasse no lirismo religioso de Savonarola, ou qualquer outro místico arrebatado numa idealização imensa. Porque, afinal, impressiona realmente essa tenacidade inquebrantável e essa escravização a uma ideia fixa, persistente, constante, nunca abandonada.

Que diferença existe entre ele e os grandes *meneurs de peuples* de que nos fala a história? Um meio mais resumido e um cenário mais estreito apenas.

Dominando há tanto tempo, irresistivelmente, as massas que cegamente lhe obedecem, a sua influência estranha avolumou-se, cresceu sempre numa continuidade perfeita e veio bater de encontro à civilização.

Se recuássemos alguns séculos e o sertão de Canudos tivesse a amplitude da Arábia, por que razão não acreditar que o seu nome pudesse aparecer, hoje, dentro de um capítulo fulgurante de Thomas Carlyle?

A carta do coronel Carlos Teles tem sido diversamente comentada. Conhecia de há muito e transmiti mesmo para aí antes da publicação daquele documento, a maneira de pensar do digno comandante, cuja sinceridade está a cavaleiro de quaisquer dúvidas. Entretanto, diante de uma situação sob muitos aspectos indefinível, vacilo ainda, considerando que os homens daquela estatura — feitos pelo molde de Bayard — têm uma tendência instintiva para reduzir dificuldades e perigos.

Além disto, são tão variadas as asserções, que por maior que seja o peso de uma palavra, as dúvidas sobrevêm inevitáveis, incorrigíveis.

Por maior que seja o valor moral de uma opinião, neste tumulto de impressões diversas e de ideias que se entrechocam, a gente insensivelmente se recorda da original comparação de Fox: as concepções como que se formam através de um filtro invertido no qual os elementos entram límpidos e puros e saem impuros e turbados.

Eu sistematizo a dúvida.

Admitindo mesmo que esteja de todo desmoralizado e reduzido o inimigo há, apesar disto, dificuldades que não se pode dirimir.

Aquelas muralhas graníticas do Rosário onde, escalonadas e ascendentes num hemiciclo monumental, como baluartes ciclópicos, se dispõem blocos monstruosos de pedra; aquelas trincheiras naturais que coroam a serra do Cambaio, de encontro às quais embateu como uma onda rugidora e forte a expedição Febrônio; a serra de Caipã, inacessível quase, partida pelo meio a ossatura de gnaisse em duas muralhas a prumo, entre as quais corre o Vaza-Barris — fazem com que o número de adversários seja um fator insignificante de sucesso, cada homem, em tais condições, valendo por tantos homens quantos são os cartuchos que carrega na patrona.

Será esta a última carta que escreverei deste ponto aonde, involuntariamente, fiquei retido, lutando com uma falta de assunto extraordinária, que já deve ter sido percebida.

Ao chegar ela aí, já estaremos a caminho do sertão.

ALAGOINHAS, 31 DE AGOSTO

Ao tomar o trem na estação da Calçada prefigurei uma viagem incômoda, preso em vagão estreito puxado por locomotiva ronceira, esmagado por uma temperatura de 30° centígrados, mal respirando numa atmosfera impregnada de poeira. Iludi-me. A viagem correu rápida num trem ruidoso e festivo, velozmente arrebatado por uma locomotiva possante, e ao traçar estas notas rápidas do *Diário* não tenho sobre o dólmã uma partícula de pó. Pude observar com segurança a região atravessada. Pelo que consegui perceber, a partir de Camaçari, os terrenos antigos do litoral desaparecem prestes sob grandes camadas terciárias de grés — um solo clássico de deserto — em que os tabuleiros amplos se desdobram a perder de vista, mal revestidos, às vezes, de uma vegetação torturada.

Em muitos pontos, porém, ilhados como oásis, uma povoação ridente ou um engenho movimentado e de plantação opulenta, indicam um afloramento de rochas cretáceas subjacentes cuja decomposição determina a formação de um solo mais fértil.

Em alguns cortes da estrada pareceu-me distinguir nitidamente a transição entre os dois terrenos: a minha observação, porém, já de si mesma resumida aos breves horizontes de imperfeitíssimos conhecimentos geológicos, fez-se em condições anormais na passagem rápida de um trem. Mudo cautelosamente de assunto.

A flora é variada e muda continuamente de aspecto — esparsa e rarefeita nos tabuleiros em que se alevantam as árvores pequenas das mangabeiras de folhas delicadas e cajueiros de galhos retorcidos, salpicada pelas flores rubras e caprichosas das bromélias — ela ostenta-se, nos terrenos em que despontam as rochas primitivas, exuberante, em grandes cerrados impenetráveis, sobre os quais oscilam as copas altas dos *dendezeiros* (*Elaeis guineensis*).

Nos pequenos banhados que em alguns pontos margeiam os aterros da estrada vi, espalmadas, ajustadas como placas, na superfície lisa das águas ninfeias de grandeza surpreendente.

Uma sucessão ininterrupta de quadros interessantes e novos destrói a monotonia da viagem.

A vizinhança de Pojuca é revelada por canaviais extensos que se estendem pelos plainos dos tabuleiros — miríades de folhas refletindo ao sol com um brilho de aço antigo, ondulantes, vacilando em todos os sentidos ao sopro da viração, um ciciar imenso e indefinido. Além do Engenho Central uma casa apruma-se numa colina ligeira. Mal a observo. É uma vivenda histórica.

Recorda um belo nome de político honesto e incorruptível do passado regime. O ideal democrático melhor do que qualquer outro firma o culto dos grandes homens, fortalece a solidariedade humana e alevanta a justiça suprema da posteridade: eu curvei-me ante a memória veneranda do conselheiro Saraiva. Ainda não desci à concepção estreita de fazer de um grande dia, o 15 de novembro, um valo entre duas épocas. Não há *autos-de-fé* na história.

Passemos adiante.

O aspecto do Engenho Central é animador, apesar de uma aparência modesta. Trabalhava quando chegamos e, através da movimentação complicada das máquinas, ouvimos a orquestração soberana do trabalho, alentadora e forte.

Interessantíssima a vila de Catu, casinhas brancas derramando-se por uma colina ligeiramente acidentada encimada pela igreja matriz que tem à esquerda o clássico *barracão de feira*, inseparável de todas as cidades e povoações baianas.

Aqui chegamos às cinco e meia.

Alagoinhas é realmente uma boa cidade extensa e cômoda, estendendo-se sobre um solo arenoso e plano.

Ruas largas, praças imensas; não tem sequer uma viela estreita, um beco tortuoso. É talvez a melhor cidade do interior da Bahia.

Convergem para ela todos os produtos das regiões em torno, imprimindo-lhe movimento comercial notável. Isto, porém, dá-se em condições normais.

Na quadra atual o *tabaréu* anda esquivo e foragido; a grande praça principal da cidade em cujo centro se alevanta o barracão de feira de há muito não tem, aos sábados, a animação antiga. Cada trem que vai para Queimadas repleto de soldados, cada trem que de lá volta repleto de feridos, é um espantalho assombroso para as populações sertanejas.

Esta situação lamentável reflete-se realmente sobre todas as cidades que se aproximam da zona agitada do sertão. Em todas a mesma apatia derivada de uma situação anormal e ameaçadora. Tanto quanto nós, a população laboriosa almeja, por isto, o termo da campanha.

* * *

Devo terminar estas notas registrando um fato que nos interessa muitíssimo. Há cerca de dez dias fui assaltado por uma notícia absolutamente inesperada.

Afirmava-se a deserção de grande número de praças do batalhão de S. Paulo, algumas das quais, em grupos dispersos, haviam sido presas na Feira de Santana. Faltou-me o ânimo para transmitir a deplorável nova; e foi bom. Transmito hoje a que a destrói inteiramente.

O capitão Gomes Carneiro, do 15º de infantaria — irmão do estrênuo lidador da Lapa — acaba de chegar de Canudos e declarou-me haver encontrado o batalhão paulista nas paragens perigosas do Rosário. Declarou-me que o impressionou de um modo notável a aparência da força.

A despeito de longos dias de penosa marcha ela seguia numa ordem admirável — completa, disciplinada e robusta — conduzindo e guardando cerca de setecentas reses, destinadas às forças em operações. E — garantiu-me o digno soldado — nos rostos abatidos pelas fadigas não havia a mais ligeira sombra de desânimo.

São sete e meia. Dentro de cinco minutos reataremos a marcha para Queimadas.

QUEIMADAS, 1º DE SETEMBRO

Encontramos esta localidade sem a agitação dos últimos meses. Voltou a primitiva quietude com a partida dos últimos batalhões, ontem realizada.

É pequeno e atrasado, vivendo em função da estação da estrada de ferro, este arraial obscuro — último elo que nos liga hoje, às terras civilizadas.

A casaria — pobre, desajeitada e velha, agrupa-se em torno da única praça, grande mas irregular, transitoriamente animada agora pela passagem dos contingentes que trouxemos.

Em torno, amplíssimas, desdobram-se as caatingas. E não há a mais ligeira variante, a mais breve colina onde o olhar repouse exausto a dilatar-se pelos horizontes longínquos, cansado da monotonia acabrunhadora de extensos tabuleiros cobertos de arbustos requeimados.

Observar a povoação é mais monótono ainda. Não há um edifício regular, sofrível sequer.

O quartel-general está numa casinha baixa, de compartimentos minúsculos; a repartição telegráfica, numa melhor mas com a mesma feição deprimida.

Mal aparecem os habitantes, de sorte que a praça, rodeada de edifícios pequenos e imprestáveis, transitada apenas pelos soldados, é como o pátio de um quartel antigo e arruinado. Entretanto, quanta recordação, em torno.

Ali, em continuação à praça, acamparam sucessivamente todas as forças que aqui têm chegado e seguido para o sertão; um acervo informe de farrapos, trapos multicores de fardamento, botinas velhas, cantis arrebentados, bonés inutilizados — esparsos, disseminados numa área extensa, indica a estadia das tropas que desde a segunda expedição ali têm acampado. Naquele solo comprimido confundiram-se, multiplicando-se em passadas inúmeras, os rastos de 15 mil homens. Impressiona a passagem pelo lugar onde se agitaram tantas paixões e se acalentaram tantas esperanças malogradas. Mais adiante, quem sobe pequena ondulação do terreno, divisa, retilíneo, prolongando-se numa extensão de dois quilômetros, um sulco largo de roçada, na caatinga: a linha de tiro em que se exercitou a divisão do general Artur Oscar. A um lado erige-se uma igreja humilde com o aspecto acaçapado de barracão de feira; — nas paredes brancas sobre a brancura da cal, a traços de carvão, numa caligrafia hieroglífica, ostenta-se a *verve* áspera e característica dos soldados; todos os batalhões colaboraram na mesma página. Uma página demoníaca: períodos curtos, incisivos, assombrosos, arrepiadores, espetados em pontos de admiração maiores do que lanças...

Mais abaixo, caindo para a direita, uma vereda estreita e sinistra — a estrada para Monte Santo.

Percorri-a, hoje, pela manhã, até certa distância, a cavalo, e entrei pela primeira vez nas caatingas, satisfazendo uma curiosidade ardente, longamente alimentada.

Um quadro absolutamente novo; uma flora inteiramente estranha e impressionadora capaz de assombrar ao mais experimentado botânico.

De um, sei eu, que ante ela faria prodígios. Eu, porém, perdi-me logo, perdi-me desastradamente no meio da multiplicidade das espécies e atravessando, supliciado como Tântalo, o dédalo das veredas estreitas, ignorante e deslumbrado — nunca lamentei tanto a ausência de uma educação prática e sólida e nunca reconheci tanto a inutilidade das maravalhas teóricas com as quais nos iludimos nos tempos acadêmicos.

Percebi entretanto alguns traços característicos, frisando os aspectos principais desta vegetação interessante.

A constituição geológica do solo e as condições meteorológicas explicam-na de maneira notável. O terreno resume-se numa camada terciária de grés, tenuíssima, às vezes, posta como uma capa ligeira e inconsistente sobre as rochas antigas que afloram em muitos pontos, definidas por um gnaisse de aspecto belíssimo sulcado caprichosamente pelas linhas de um feldspato cor-de-carne, ligeiramente desmaiada. As chuvas embebem durante algum tempo este solo a um tempo poroso e impermeável antes de descerem às camadas subjacentes. Prolongam-se, porém, muitas vezes, as secas e entre um chão inteiramente seco e uma atmosfera cuja umidade é insignificante, a vegetação reflete singularmente a inclemência do meio.

E o que se sente observando esta multidão de árvores pequenas, diferenciadas em galhos retorcidos e quase secos, desordenadamente lançados a todas as direções, cruzando-se, trançados, num acervo caótico de ramos quase desnudados — é como um bracejar de desespero, a pressão de uma tortura imensa e inexorável.

A conservação individual e a da espécie adquirem por isto uma capacidade de resistência prodigiosa. A subdivisão enorme do caule em galhos inúmeros, revestidos de espinhos, exprime bem um trabalho de adaptação — a multiplicação exagerada dos órgãos destinados ao aproveitamento de elementos de vida escassamente disseminados no ar. Por outro lado, as sementes raramente apresentam-se desguarnecidas e têm em si mesmas a faculdade de espalharem-se na terra.

Na rápida travessia que acabo de fazer avaliei bem as dificuldades da luta em tal meio.

A cada passo uma cactácea, de que há numerosas espécies, além dos *mandacarus* de aspecto imponente, dos *xiquexiques* menores e de espinhos envenenados que produzem a paralisia, dos *quipás* reptantes e traiçoeiros, das *palmatórias* espalmadas, de flores rubras e acúleos finíssimos e penetrantes. Expressiva e feliz a denominação da *cabeça-de-frade* dada a uma espécie anã, cujos gomos eriçados de espinhos não destroem a forma esférica tendendo ligeiramente para a de um elipsoide.

Parecem cabeças decepadas esparsas à margem dos caminhos. Encima-as uma única flor, de um vermelho rutilante, como uma coroa, ensanguentada, aberta.

Este vegetal túmido de seiva procura de preferência terrenos absolutamente exsicados.

Neste sentido fiz uma observação que jamais deixará de ser comprovada: do mesmo modo que a *canela-de-ema* (*Vellosia*), no norte de São Paulo, caracteriza a região dos quartzitos, a *cabeça-de-frade*, com uma constância singular, aparece invariavelmente quando através das camadas de grés despontam os terrenos graníticos antigos.

E surge ora sobre a camada pouco profunda que reveste a rocha, ora sobre ela mesma. A mais estreita frincha, na pedra inteiramente nua, que permita a intrusão das raízes longas e finíssimas, determina-lhe o aparecimento.

Certos lugares são realmente impenetráveis — as *macambiras*, com a feição exata de ananases bravos, formam sebes compactas, intransponíveis, sobretudo quando nelas enredam-se as folhas de estomas longos do *cansanção* urticante, dolorosíssimo, queimando como um cautério ou cáustico abrasado.

É uma flora agressiva.

As próprias *umburanas* de casca lustrosa e de madeira compacta quase sem fibras, como uma massa homogênea e plástica com a qual o *tabaréu* ardiloso faz até sinetes admiráveis; as próprias *quixabas* de folíolos pequenos e pequenos frutos pretos e brilhantes como ônix — revestem-se de espinhos.

Agressiva para os que a desconhecem — ela é providencial para o sertanejo.

O viajante desgarrado numa *travessia*, atravessa em certas quadras, durante muitos dias, os vastos tabuleiros, livre de dificuldades.

Extinguem-lhe a sede as folhas ácidas e as raízes úmidas do *umbu*, os caules repletos de seiva dos *mandacarus*; alimentam-no fartamente os cocos de *licuri*, as pinhas silvestres do *araticum*, os frutos da *quixaba*, do *mari* ou das *mangabeiras* de folhas delicadas e galhos pendidos como os dos salgueiros.

As folhas grandes e resistentes do *icó*, cobrem-lhe a cabana provisória e sustentam-lhe o cavalo; o *caroá* de fibras longas permite-lhe obter rapidamente cordas flexíveis e fortes. E se, à noite, ao atravessar uma paragem desconhecida houver necessidade de aclarar o caminho basta-lhe quebrar e acender prontamente um galho verde de *candombá* e agitar logo depois um facho rutilante...

Por mais singular que seja a afirmativa, nada de novo vim aqui saber sobre os negócios de Canudos.

Notei apenas, tratando com os velhos habitantes de Queimadas, que a influência do Conselheiro é mais ampla do que supunha.

Dizem eles que há meses, promanadas de muitos pontos, passaram por esta povoação verdadeiras romarias em direção de Canudos. Uma imigração perfeita.

Lugares remotos como o Mundo Novo e Entre Rios, ficaram, por assim dizer, desertos. As povoações relativamente mais próximas como Inhambupe, Tucano e Cumbe, perderam igualmente grande número de habitantes.

Homens, mulheres e crianças, velhos trôpegos e titubeantes, moços robustos e desempenados — carregando imagens de todos os tamanhos e de todos os santos, acurvados sob andores, passaram, cruzes alçadas à frente, entoando ladainhas, lentamente, pelas estradas. Teve, este fato, muitas testemunhas que aqui estão, contestes.

Sob uma atração irresistível famílias inteiras mudaram-se para Canudos que cresceu bruscamente em poucos meses, porque a edificação rudimentar permitia que a multidão sem lar fizesse uma média de doze casas por dia.

O fato é assombroso mas acordam, expondo-o, todos os informantes. Não é de espantar a ninguém a resistência espantosa desdobrada.

Além disto o homem do sertão tem, como é de prever, uma capacidade de resistência prodigiosa e uma organização potente que impressiona. Não o vi ainda exausto pela luta, conheço-o já, porém, agora, em plena exuberância da vida. Dificilmente se encontra um espécime igual de robustez soberana e energia indômita.

Pela janela entreaberta vejo neste momento um deles, a cavalo, no meio da praça, todo vestido de couro. É um vaqueiro inofensivo, pende-lhe à mão direita a longa vara arpoada, o *ferrão*. Acaba de conduzir para Monte Santo cento e tantos bois destinados ao exército. É um nosso aliado, portanto.

Imóvel sobre a sela, todo vestido de couro, calçando botas que sobem até a cintura, chapéu de abas largas meio inclinado sobre a fronte — a véstia rústica de um vermelho escuro imprime-lhe o aspecto de um cavalheiro antigo coberto ainda da poeira da batalha.

Considerando-o penso que a nossa vitória, amanhã, não deve ter exclusivamente um caráter destruidor.

Depois da nossa vitória, inevitável e próxima, resta-nos o dever de incorporar à civilização estes rudes patrícios que — digamos com segurança — constituem o cerne da nossa nacionalidade.

QUEIMADAS, 2 DE SETEMBRO

Acabo de obter as seguintes informações sobre as coisas em Canudos; são informações seguras. As forças continuam nas mesmas posições aguardando o resto de reforços para o ataque definitivo, ou complemento do cerco.

De dois em dois dias os *jagunços* atacam, à noite, a artilharia estacionada dentro do arraial; são ataques tenazes e constantes. Disse um prisioneiro que no espaço intermédio existem munições enterradas, o que justifica o açodamento e constância manifestados.

Têm-se distinguido extraordinariamente na luta os batalhões 12º, 25º, 30º e 31º de infantaria. O tenente-coronel Tupi Caldas, comandante do 30º, foi atingido por quatro balas de um modo interessante: uma atravessou-lhe o chapéu, outra passou-lhe pelo flanco produzindo ligeira escoriação, uma outra, passando a uma linha dos olhos, determinou ligeira irritação apenas e a última, batendo em cheio, amolgou-se na chapa do talim. O bravo comandante não fraqueia, porém, no arrojo e no ímpeto guerreiro.

O batalhão paulista foi atacado nas proximidades do arraial. Repeliu o inimigo e não perdeu um único soldado. Foi recebido com entusiasmo pelas forças em operações.

Não se tocam mais sinos nem se entoam rezas em Canudos: à noite não brilha a menor luz — o arraial desaparece silenciosamente na sombra.

Não há epidemias; o estado sanitário das forças é, até hoje, o melhor possível.

Confirma-se a notícia de que Antônio Conselheiro está coagido; quis entregar-se, no que foi impedido por um explorador perigoso — Vila-Nova.

Entram e saem diariamente grupos numerosos na povoação.

Devem chegar, hoje à tarde ou amanhã, aqui, algumas prisioneiras.

A água continua rara e de obtenção difícil, adquirida em cacimbas abertas no leito seco do Vaza-Barris.

Quase que posso garantir que a luta não terminará pela exaustão lenta do inimigo, preso nas malhas de ferro de um assédio regular.

Este plano, eficacíssimo embora e apto para diminuir o sacrifício das vidas, tem o inconveniente de prolongar a campanha por muito tempo — inconveniente sério porque de outubro em diante começa na região de Canudos o regime das grandes trovoadas e chuvas torrenciais.

No leito, seco agora, dos regatos correm então rios de águas velozes e barrentas e o Vaza-Barris, avolumando-se repentinamente, transmuda-se todo ele numa onda imensa e dilatada, rolando impetuosamente entre as gargantas das serras, expandindo-se nos plainos — intransponível, enorme. E quando as torrentes se extinguem bruscamente, porque o turbilhão das águas se esvai no S. Francisco com a mesma celeridade com que aparece, surgem outros perigos ainda mais sérios.

Sob a adustão dos dias ardentes, cada banhado, cada regato *cortado*, cada sanga umedecida, cada atascadeiro das estradas, cada cacimba aberta na pedra, cada poça de água — é um laboratório infernal, destilando a febre que irradia, latente, nos germes do impaludismo, profusamente disseminados nos ares, ascendendo em número infinito de cada ponto onde bata um raio de sol e descendo depois sobre as tropas, multidão enorme, milhares de organismos nos quais as fadigas determinam uma receptividade mórbida extraordinária.

Canudos cairá pelo assalto. Assalto violento, brusco e rápido, porque vencido o inimigo que pode ser vencido, morto o inimigo que pode ser morto, restar-nos-á, eterna e invencível, envolvendo-nos inteiramente, num assédio mais perigoso, essa natureza antagonista, bárbara e nefasta, em cujo seio atualmente cada *jagunço* parece realizar o *mito* extraordinário de Anteu.

Tanto quanto for possível, logo após a queda do arraial, as tropas refluirão bruscamente para Monte Santo e Queimadas.

Ontem à tarde, novo passeio, a cavalo, pelas caatingas. Estou me exercitando nas dificuldades de que estão crivadas. Ontem, por exemplo, depois de rompermos habilmente por meio de inúmeras sebes agrestes, eivadas de espinhos — paramos, estacamos, eu e quatro companheiros de excursão, ante uma barreira impenetrável. Realmente, o *facão jacaré* mais afiado e mais destramente manejado não abre um atalho no cerrado trançado *das juremas*.

Voltamos. Encontrei na volta um novo espécime desta flora agressiva espécime que não citei na carta que ontem escrevi daqui — a *favela*, cuja folha sobre a pele, ao mínimo contato, é um cáustico infernal, dolorosíssimo e de efeitos prolongados.

Fomos até o Itapicuru de margens ridentes e pitorescas, em cujo seio afloram ilhas de belíssimo gnaisse a que me referi ontem.

Recolhi um pouco de areia claríssima, destinada ao exame futuro de pessoa mais competente.

Voltamos ao anoitecer. O *Cruzeiro do Sul*, muito alto irradiava serenamente no espaço, envolvendo nas mesmas cintilações a mim e aos entes queridos que aí estão, tão longe...

3 DE SETEMBRO

A nossa viagem foi transferida para amanhã, sábado. Estimei. Nestas paragens remotas todos nós temos uma revivescência de velhos erros: estava vendo já com maus olhos esse início de viagem numa sexta-feira. E neste momento mesmo lembro-me, com um ligeiro sobressalto, que esta carta é a décima terceira que para aí envio...

A Arcádia viu-nos nascer a todos, disse Schiller; não há espírito emancipado que não tenha, mesmo em virtude da lei geral da inércia, de ceder em muitas ocasiões, à fantasia caprichosa ou enganadoras idealizações.

Não divaguemos, porém.

Acabam de chegar, há meia hora, nove prisioneiras; duas trazem ao seio crianças de poucos meses, mirradas como fetos; acompanham-nas quatro pequenos de três a cinco anos. O menor de todos, chama-se José. Assombra: traz à cabeça, descendo-lhe até aos ombros, um boné de soldado. O boné largo e grande demais oscila a cada passo; alguns circunstantes têm a coragem singular de rir — a criança volve o rosto, procurando vê-los e os risos cessam: a boca é uma chaga, foi atravessada por uma bala!

Das mulheres oito são monstros envoltos em trapos repugnantes; fisionomias duras de viragos de olhos zanagas ou traiçoeiros. Uma, porém, destaca-se. A miséria e as fadigas cavaram-lhe o rosto mas não destruíram a mocidade; a formosura ressurge, imortal, a despeito das linhas vivas dos ossos apontando duramente no rosto emagrecido e pálido. Olhos grandes e negros em que se reflete uma tristeza soberana e profunda.

Satisfez a curiosidade dos circunstantes contando uma história simples; uma tragédia em meia dúzia de palavras; um drama quase banal agora, com o epílogo obrigado de uma bala certeira de Manulicher ou estilhaço de granada.

Nem vale a pena narrá-lo.

O dia esgota-se em preparativos de viagem.

4 DE SETEMBRO

Partimos dentro de meia hora.

Metade da comitiva, já montada, atravessa em todas as direções a praça, numa confusão ridente de uniformes multicores. Não podíamos desejar melhor dia de viagem. É talvez um bom vaticínio esta manhã clara e ridente que nos rodeia agora.

TANQUINHO, 4 DE SETEMBRO

São dez horas da noite. Traço rapidamente estas notas sob a ramagem opulenta de um juazeiro, enquanto, em torno, todo o acampamento dorme.

Tanquinho é positivamente um lugar detestável e o viajante que vence as cinco léguas que o separam de Queimadas tem a pior das decepções ante esta lúgubre tapera de duas casas abandonadas e estruídas, quase invadidas pela galhada áspera e inextricável do *alecrim-dos-tabuleiros* de cujo seio emergem cactos esguios imprimindo à paisagem uma feição monótona e tristíssima.

Chegamos à uma hora da tarde, depois de cinco horas de viagem sob um sol abrasador, através das caatingas intermináveis, por um estrada magnífica, é certo, mas cujo leito arenoso multiplica enormemente os ardores da canícula.

Trouxe longamente sofreada uma sede indefinível.

Não se pode avaliar de longe, o que é uma viagem nestas regiões estéreis onde não se encontra o mais exíguo regato, o mais insignificante filete de água. Apenas em raros pontos deparamos com minúsculas lagoas já numa transição perfeita para pântanos, com a superfície líquida revestida da vegetação característica.

Em uma delas — surgindo como todas nos pontos em que afloram, rompendo as camadas de grés, largas bossas de terreno granítico — aventurei-me a satisfazer a sede.

Ao desarmar, porém, subsequentemente o filtro Grandjean, fiquei aterrado ante a crosta impura deposta sobre a placa: um microscópio vulgar ali descobriria dez espécies de algas.

Sem exagero — este primeiro dia de viagem — que é um idílio ante os que nos aguardam — patenteia já todos os tropeços que se antolharam às expedições anteriores. E somos uma comitiva pequena, perfeitamente disposta, ligada pela melhor cordialidade, trazendo todos os recursos, perfeitamente montada.

O marechal Bittencourt e mais alguns companheiros resistem galhardamente; alguns, porém, já se sentem extenuados.

Avistamos o Tanquinho com a íntima satisfação dos que se dirigem para um *oásis*. Antes seguíssemos, porém, a despeito do cansaço e do calor, demandando um ponto mais remoto.

Vou riscar da minha carta o pequeno círculo com que condecorei esse lugar maldito e substituí-lo por um ponto imperceptível. Que todos os viandantes fujam destas duas casas velhas e acaçapadas em cuja frente os *mandacarus* esguios alevantam-se silentes e rígidos, como imensos candelabros implantados no solo, segundo a bela comparação de Humboldt.

Às sete horas da noite, em companhia do comandante do regimento policial da Bahia e dois companheiros do estado-maior, dirigi-me ao *tanquinho* que batiza o lugar.

Naquele ponto, irrompendo entre possante camada de grés, surge uma apófise do terreno granítico subjacente. O tanquinho tem provavelmente como leito a rocha impermeável. Rodeado de *mandacarus* (tristes vegetais que são uma obsessão quase para o viajante) dificilmente se pode imaginar a feição lúgubre do lugar naquela hora.

Alguns doentes, que seguem para Queimadas, ali pousavam e, acesas as fogueiras em torno das quais passam a noite, formavam à claridade indistinta das chamas — acocorados uns perto do fogo, caminhando outros claudicantes e vagarosos mais longe, projetando sobre a superfície das águas as sombras disformes — um conjunto trágico e interessante.

Ao abeirar-me sequioso da borda do pântano, uma múmia coberta de trapos ergueu-se, tentando fazer a continência militar.

Examinei-o e tive a fraqueza de deixar transparecer, talvez, invencível repugnância ao pensar que ia beber no mesmo lugar em que tocaram aqueles lábios gretados pela febre. Atirei porém, corajosamente, na água o tubo do filtro, sugando um líquido que tem saciado a todos os cavalos e lavado a todos os feridos das expedições anteriores.

É uma água pesada que não extingue a sede.

Às oito horas todo o acampamento dormia.

Consulto o meu aneroide e vejo que estamos a trinta metros sobre Queimadas.

Escritas estas notas, não sei se poderei dormir.

Felizmente um céu fulgurante e amplo é o dossel do meu leito rude de soldado — um selim, uma manta e um capote.

Órion fulgura prodigiosamente belo a pequena altura sobre o horizonte, e eu irei afugentar as saudades profundas evocando noções quase apagadas de astronomia, percorrendo numa romaria olímpica os céus — perdido, entre as estrelas...

CANSANÇÃO, 5 DE SETEMBRO

Aqui chegamos às nove horas da manhã — esplêndida manhã! — caminhando duas léguas a partir do Tanquinho. Cansanção, felizmente, já merece o nome de povoado. Tem onze casas, algumas cobertas de telhas, e um armazém paupérrimo no qual entramos com a mesma satisfação com que aí se penetra no *Progredior*. Sentimo-nos deslumbrados ante as prateleiras toscas e desguarnecidas.

A povoação erige-se numa mancha de terreno argiloso — largo hiato no deserto de grés que a rodeia; e tem uma feição ridente erguida numa breve colina de onde se descortinam horizontes indefinidos. Nem uma elevação regular, porém, perturba a monotonia de um solo chato — sucessão ininterrupta de tabuleiros imensos.

A população, membros de uma só família, vivendo sob um regime patriarcal e primitivo, recebeu-nos numa quase ovação — capitaneada pelo chefe, o velho Gomes

Buraqueira, que apesar dos oitenta anos bem contados alevantou, por três vezes, num amplexo formidável, a um metro de altura, o coronel Calado.

Dois frades franciscanos, alemães, ainda bem moços, aqui estão com o intuito nobilíssimo de cuidar dos feridos que não possam vingar a distância de Monte Santo a Queimadas. Vieram convidar ao ministro e a todos para assistirem à missa. Assistimos.

Há quantos anos tenho eu passado indiferente, nas cidades ricas, pelas opulentas catedrais da cruz?...

E assisti à missa numa saleta modesta, tendo aos cantos espingardas, cinturões e cantis e um selim suspenso no teto — servindo uma mesa tosca de altar e estando nove décimos dos crentes fora, na rua, ajoelhados. E ajoelhei-me quando todos se ajoelharam e bati, como todos, no peito, murmurando com os crentes o *mea culpa* consagrado.

Não me apedrejeis, companheiros de impiedade; poupai-me livres-pensadores, iconoclastas ferozes! Violento e inamolgável na luta franca das ideias, firmemente abroquelado na única filosofia que merece tal nome, eu não menti às minhas crenças e não traí a nossa fé, transigindo com a rude sinceridade do filho do sertão...

Depois da cerimônia — passeamos pelos arredores e saciamos largamente a sede, agravada por um *churrasco* magnífico de novilho sadio, morto e assado em menos de uma hora.

Dentro de uma hora (são duas horas da tarde) reataremos a marcha devendo chegar hoje mesmo a Quirinquinquá.

Consulto o meu aneroide; altura sobre o nível do mar 395 metros.

A subida do terreno na direção média que levamos, leste - oeste, é como se vê, insensível mas contínua.

QUIRINQUINQUÁ, 5 DE SETEMBRO

Aqui chegamos às 7h38 da noite, andando, a partir de Cansanção cinco léguas extensas, léguas de *tabaréu*, que valem oito quilômetros cada uma.

O terreno vai-se pouco a pouco modificando, as caatingas tornam-se mais altas numa passagem franca para *cerrados* e o terreno mais movimentado. Encontramos as primeiras rampas fortes da estrada. Do meio do caminho, perto da Lagoa de Cima começa-se a avistar, belíssima, fechando o horizonte para nordeste a serra de Monte Santo. Predominam na flora novos espécimes; começam a aparecer em maior número os *angicos* de folhas miúdas e porte elegante, as *baraúnas* altas, as *caraíbas* de folhas lanceoladas e *cassuquingas* de cheiro agreste e agradável. A três quilômetros de Quirinquinquá o terreno granítico aflora dominando a constituição do solo. A rocha tem para mim um aspecto novo; está cavada em muitos pontos em caldeirões de grandeza variável, nos quais se acumulam as águas da chuva. São reservatórios providenciais. Estão todos toscamente cobertos: algumas pedras sobre paus dispostos paralelamente.

Quirinquinquá, incomparavelmente superior ao Tanquinho, tem um horizonte menos monótono que Cansanção.

A viagem segue sem incidentes notáveis. O acampamento, à noite, patenteia magnífico aspecto, diferenciado em grupos animados, conversando ruidosamente enquanto a soldadesca adestrada cuida da cavalhada extenuada.

Abrigados uns nas duas casas da fazenda graciosamente cedidas, dormindo outros ao relento, em redes ou sobre os apetrechos da montaria, vamos atravessar mais uma noite, a última, felizmente, desta viagem.

Partiremos amanhã cedo para Monte Santo.

MONTE SANTO, 6 DE SETEMBRO

Finalmente chegamos, às nove horas da manhã, à nossa base de operações, depois de duas horas de marcha.

Ninguém pode imaginar o que é Monte Santo a três quilômetros de distância. Ereta num ligeiro socalco, ao pé da majestosa montanha, a povoação, poucos metros a cavaleiro sobre os tabuleiros extensos que se estendem ao norte, está numa situação admirável. Não conheço nenhuma de aspecto mais pitoresco que o deste arraial humilde perdido no seio dos sertões. O viajante exausto, esmagado pelo cansaço e pelas saudades, sente um desafogo imenso ao avistá-lo, depois de galgar a última ondulação do solo, com as suas casas brancas e pequenas, caindo por um plano de inclinação insensível até à planície vastíssima.

Na montanha, a um lado, ressalta logo à vista um quadro interessante e novo.

Galgando-a, primeiro numa direção, depois noutra, em ziguezague, até vingar a encosta e subindo depois pelo espigão afora até a ponta culminante da serra, aprumam-se 24 capelas, alvíssimas, destacando-se nitidamente num fundo pardo e requeimado de terreno áspero e estéril.

Não me demorarei, porém, neste assunto, do qual tratarei com mais vagar.

Quando entramos, formavam na praça 1900 homens sob o comando do coronel César Sampaio. À frente dos batalhões paraenses avultava o coronel Sotero de Meneses — um chefe e um soldado como há poucos. Divisei logo, à frente do batalhão do Amazonas, um digno companheiro dos velhos tempos entusiastas da propaganda, Cândido Mariano, contemporâneo de escola.

Houve um entusiasmo sincero e ruidoso quando num movimento único as 1900 baionetas, num cintilar vivíssimo, desceram rápidas dos ombros dos soldados, aprumando-se na continência aos generais — numa ondulação luminosa imensa.

Atravessamos, a galope, pela frente das tropas e paramos afinal diante do único sobrado nobilitado com o título pomposo de Quartel-General.

Apeei-me imediatamente e achei-me entre antigos companheiros, de há muito ausentes.

Que diferença extraordinária em todos!

Domingos Leite, um belo tipo de *flâneur*, folgazão nos bons tempos da Escola, um devoto elegante da rua do Ouvidor — abraçou-me e não o conheci. Vi um homem estranho, de barba inculta e crescida, rosto pálido e tostado, voz áspera, vestindo bombachas enormes, coberto de largo chapéu desabado. Está aqui desde a expedição Moreira César, na faina perigosa e tremenda da engenharia militar, a traçar estradas no deserto, correndo linhas telegráficas, dirigindo comboios por veredas difíceis nas quais o bacharel em matemática teve muitas vezes de empunhar o ferrão e transformar-se em carreiro.

Abracei comovido o antigo colega em quem as fadigas não destruíram a jovialidade antiga.

Como se muda nestas paragens!

Gustavo Guabiru, outro engenheiro militar, foi uma vez encontrado por um contingente da força policial da Bahia em tal estado que foi preso como *jagunço*. E não teve meios de convencer aos soldados do engano em que haviam caído.

Encontrei, perto de Quirinquinquá, na estrada, quando vínhamos, Coriolano de Carvalho, ex-governador do Piauí, e correspondi-lhe ao cumprimento sem o conhecer absolutamente na ocasião.

O capitão Sousa Franco, um dos nossos melhores oficiais de cavalaria, transmudou-se num velho inútil e combalido.

Parece que esta natureza selvagem vai em todos imprimindo uma feição diversa.

O major Martiniano, comandante da praça, um tipo desempenado de soldado que sempre vi, desde os tempos acadêmicos, no Rio, de boné atrevidamente inclinado *a três pancadas*, substituiu o antigo cavanhaque negro por uma barba branca. Está velho; está aqui há poucos meses.

A cor muda revestindo-se de tons ásperos de bronze velho; como que mirram as carnes e os ossos incham; rapazes elegantes transformam-se rapidamente em atletas desengonçados e rígidos...

Quase que se vai tornando indispensável a criação de um verbo para caracterizar o fenômeno. O verbo *ajagunçar-se*, por exemplo. Há transformações completas e rápidas.

O representante da *Notícia*, Alfredo Silva, assombrou-me: está num descambar irresistível para o tipo geral predominante — barba crescida, chapelão de palha, paletó de brim de cor inclassificável, bombachas monstruosas.

E cada um anda por aqui perfeitamente, à vontade. Monte Santo é como uma única casa, imensa e mal dividida, com inúmeros cubículos, de uma só família de soldados.

Nada ainda poderei adiantar sobre a situação.

* * *

As informações que hoje obtive são pouco animadoras. Falo baseado no critério seguro de colegas que lá estão há meses, que de lá voltaram ontem, e que pela educação que possuem podem ajuizar com firmeza sobre os acontecimentos que presenciaram.

Imaginem que, enquanto o exército lhes ocupa grande parte de casas e os fulmina cotidianamente, num bombardeio incessante, os fanáticos distribuem de um modo notável a atividade, revezando-se, da linha de fogo para o campo onde cultivam mandiocas, feijão e milho!

Fazem *roças* que devem ser colhidas no ano vindouro!

Ora esse assédio platônico que fazemos, parece que não perderá tal feição ainda quando cheguem a Canudos todas as forças com um efetivo de pouco mais de 8 mil homens.

Os meus colegas que ali andam, há meses, de bússola e aneroide em punho, garantem-me que o cerco regular exige um *minimum* de 25 mil homens. Porque *o jagunço* não tem apenas três ou quatro estradas para o acesso ao povoado, tem um número incalculável delas — qualquer ponto por mais escabroso é-lhe francamente praticável.

Resta o recurso de um assalto impetuoso, rápido e firmemente sustentado; não há outro.

O ataque será fatalmente mortífero. Basta examinar-se uma planta do imenso arraial. Canudos está militarmente construído e uma estampa que por aí anda nada traduz, absolutamente, da sua feição característica.

As casas, aparentemente em desordem, dispõem-se umas relativamente às outras, de modo tal que de qualquer das quatro esquinas de qualquer delas, o inimigo, sem mudar de lugar, rodando apenas sobre os calcanhares, atira para os quatro pontos do horizonte. É o que me afirmou um homem inteligente e engenheiro distinto — o coronel Campeio França.

E se aliarmos a essa disposição, adrede preparada, a conformação bizarra do solo, definida por ondulações ligeiras e numerosas, cruzando-se em todos os sentidos, compreenderemos bem todas as dificuldades do combate.

É absolutamente necessário, entretanto, que ele se realize, quanto antes. Eu estou firmemente convencido que as nossas tropas não podem permanecer por dois meses no máximo, nestas paragens ingratas, apesar do estoicismo e abnegação revelados pelos seus chefes.

As dificuldades de transportes de munições de guerra e de boca podem, em parte, ser debeladas. Há tropeços, porém, irremediáveis, absolutamente insanáveis — e entre estes, espantalho que aterra a todos que vêm ou seguem para Canudos, — a sede; sede devoradora e inextinguível que tem torturado a todos os combatentes.

Os pequenos pântanos que ainda existem nas estradas, além de quase exauridos têm no seio toda a sorte de germes de infecção. Num deles, um dos melhores, perto de Jueté, contam companheiros recém-vindos, que viram, estendido horizontalmente na borda, a boca mergulhada na água esverdeada, o cadáver de um varioloso que até ali se arrastara, impelido pela sede ardente da febre e morrera.

Outros guardam no fundo, traiçoeiramente ocultos pela perfídia assombrosa do *jagunço*, cadáveres de homens e cavalos, numa decomposição lenta e nefasta.

Se as chuvas sobrevierem, desaparecerão estes inconvenientes mas surgirão outros.

Imaginemos um só.

O Vaza-Barris, avolumando-se desmedidamente cortará de todo as comunicações entre o exército sitiante e a base de operações. Só por um milagre da engenharia, num lugar em que escasseiam materiais e pessoal adestrado — podem ser elas restabelecidas por uma ponte que deve ser feita no prazo mínimo de oito dias com todas as condições de resistência definida pela carga perigosa da tropa em marcha — sob as balas certeiras e constantes dos fanáticos!

Não exagero perigos; mas o otimismo seria um crime nesta quadra. Além disto a maioria republicana da nossa terra precisa conhecer toda a verdade desta situação dolorosa, pela voz ao menos sincera dos que aqui estão prontos para compartirem do sacrifício nobilitador pela República.

Não sabemos ainda se o marechal Bittencourt irá até Canudos; se esta resolução for tomada revestirei a minha incapacidade física com a minha capacidade moral e não abandonarei os dedicados companheiros.

Amanhã continuarei estas notas que, com certeza, aí vão chegar com grandes intervalos porque o serviço de correios aqui é péssimo e moroso.

MONTE SANTO, 7 DE SETEMBRO

Uma alvorada triste.

No entanto vibravam nos ares as notas metálicas de seis bandas marciais e a manhã rompeu entre os deslumbramentos do oriente, expandindo-se num firmamento sem nuvens.

Olhando em torno o que se observa é o mais perfeito contraste com a feição elevada desta data ruidosamente saudada.

As impressões aqui formam-se através de um jogo persistente de antíteses. Situada num dos lugares mais belos e interessantes do nosso país, Monte Santo é simplesmente repugnante. A grande praça central ilude à primeira vista. Quem ousa atravessar, porém, as vielas estreitíssimas e tortuosas que nela afluem é assoberbado por um espanto extraordinário. Não são ruas, não são becos, são como que imensos encanamentos de esgoto, sem abóbadas, destruídos.

Custa a admitir a possibilidade da vida em tal meio — estreito, exíguo, miserável — em que se comprimem agora 2 mil soldados, excluído o pessoal de outras repartições, e uma multidão rebarbativa de megeras esquálidas e feias na maioria — fúrias que encalçam o exército. E todo esse acervo incoerente começa, cedo, a agitar-se, fervilhando na única praça, largamente batida pelo sol. Confundem-se todas as posições, acotovelam-se seres de todos os graus antropológicos.

Passam oficiais de todas as patentes e de todas as armas, passam carreiros poentos e cansados, passam mulheres maltrapilhas, passam comerciantes, passam soldados a pé e a cavalo, feridos e convalescentes; e cruzam-se em todos os sentidos, atumultuadamente, num baralhamento desordenado e incômodo de feira concorrida e mal policiada.

E isto todos os dias, no mesmo lugar, às mesmas horas — e são os mesmos indivíduos, vestidos do mesmo modo, estacionando nos mesmos pontos...

Tem-se a sensação esmagadora de uma imoblidade do tempo.

A terra realiza a sua rotação eterna, os dias sucedem-se astronomicamente, mas não mudam aqui. Parece que é o mesmo dia que se desdobra sobre nós — indefinido e sem horas — interrompido apenas pelas noites ardentes e tristes.

E quando o sol dardeja alto, ardentíssimo num céu vazio, tem-se a impressão estranha de um *spleen* mais cruel do que o que se deriva dos nevoeiros de Londres; *spleen* tropical feito da exaustão completa do organismo e do tédio ocasionado por uma vida sem variantes.

Nem uma só notícia de Canudos.

Os que lá se acham têm ao menos a diversão perigosa dos assaltos.

E não suponham que eles não se realizem diariamente quase.

Às vezes toda a linha das nossas forças, que tem uma extensão aproximada de dois quilômetros, é, simultaneamente, à noite, atacada vigorosamente, em todos os pontos. Este fato, que se tem reproduzido, combate de algum modo a opinião dos que julgam diminuto o número atual de fanáticos.

As antigas forças, que lá estão desde o princípio, afeiçoaram-se já, numa rude aprendizagem, a essas surtidas noturnas e repelem-nas brilhantemente, com uma mestria notável — deixando aproximar-se o assaltante e fulminando-o, muitas vezes à queima-roupa, em tiros certeiros, aproveitados todos. Estão perfeitamente disciplinadas para os ataques traiçoeiros. Não acontece, porém, o mesmo com as recém-chegadas; o que é natural.

Pagam ainda o tributo do sobressalto repentino e brusco.

Os corpos da ex-brigada Girard e o batalhão de S. Paulo, que ocupam os flancos da linha, respondem ainda aos assaltos com descargas cerradas, tiros perdidos na noite, desperdício inútil de balas. Os novos combatentes adaptar-se-ão, porém, como os outros, à situação.

Já temos alguns batalhões, entre os quais o 25º, o 32º e o 27º, que copiam de uma maneira admirável o modo de agir do inimigo. Dispersam-se como ele nas caatingas e caçam-no também como ele nos caça; deslizam como ele, destramente, entre os espinhos, de rastros, cosidos com o chão, acobertando-se em todos os acidentes do solo, engrimponando-se na galhada inextricável das umburanas; rápidos como ele, como ele aparecendo e desaparecendo de um modo fantástico — pondo a astúcia diante da astúcia, jogando a cilada contra a cilada.

Uma aprendizagem perfeita com instrutores selvagens.

Porque devemos dizê-lo, — ninguém deve acreditar que os jagunços combatam sem ordem; há leis naquele tumulto aparente; na ordem dispersa em que se dispõem, invariavelmente, o trilar dos apitos determina evoluções rápidas corretamente executadas — dilatando, encurtando, fazendo avançar ou retroceder, movimentando em todos os sentidos, vertiginosamente, as linhas de atiradores perfeitamente dispostas.

Antônio Conselheiro percebeu as desvantagens de uma luta leal e franca com os nossos soldados — e declarou solenemente aos bárbaros que o combatente degolado não teria as recompensas de uma vida futura. Daí a celeridade com que fogem os *jagunços* quando ao toque de *degola!* os soldados se embrenham de baionetas caladas pelas caatingas.

Os resultados desse estratagema têm sido, como é sabido, extraordinários.

MONTE SANTO, 8 DE SETEMBRO

Quem sobe a longa *via-sacra* de três quilômetros de comprimento, ladeada de capelas desde a base até ao cimo, do Monte Santo, compreende bem a tenacidade incoercível do sertanejo fanatizado. É dificilmente concebível o esforço despendido para o levantamento dessa maravilha dos sertões.

Amparada aos dois lados por muros de alvenaria, capeados, de um metro de altura por um de largura, calçada em certos trechos, tendo noutros como leito a rocha viva, essa estrada notável, onde têm ressoado as ladainhas das grandes procissões da Quaresma e passado legiões incalculáveis de penitentes — é um milagre de engenharia rude e audaciosa. Percorri-a toda, hoje.

Começa investindo francamente contra a montanha, seguindo a normal de máximo declive, com uma rampa de cerca de vinte graus; na quinta capela inflete à esquerda e progride com uma inclinação menor; volta depois, mais adiante, bruscamente para a direita, numa diminuição contínua de declive até ao seio mais baixo, espécie de ligeira garganta do espigão. Segue por este horizontalmente por cerca de duzentos metros até aprumar-se de novo — investindo afinal contra a última subida íngreme e dilatada até à Santa Cruz, no alto.

Uma coisa assombrosa. Tem 3 mil metros aproximadamente e, em certos segmentos, foi rasgada através da rocha duríssima e áspera — porque toda a serra de Monte Santo é construída de um quartzito que irrompe através das formações graníticas, visíveis nos terrenos planos que a circundam. A serra tem uma feição altamente pitoresca, aprumada sobre a povoação — escalvada em muitos pontos, revestida noutros de uma vegetação enfezada.

Com o extraordinário luar destas últimas noites o seu aspecto é verdadeiramente fantástico, destacam-se nitidamente as capelinhas brancas e à luz reflexa e dúbia da lua as vertentes, que se interrompem em paredões a prumo em virtude da própria estratificação da rocha, dão a ideia de muralhas imensas, *sine calciis linimenti*, recordando velhas trincheiras abandonadas de titãs.

Do alto descortina-se um horizonte de vinte léguas; toda a região como uma costa em relevo estende-se ante o olhar do observador, patenteando perspectivas belíssimas. Aproveitando convenientemente aquela altura aliada a mais dois ou três dos acidentes de terreno que apontam ao norte, poder-se-ia, de há muito, ter estabelecido um telégrafo óptico, de transmissão pronta, por meio de um jogo combinado de cores, com Canudos.

Infelizmente esta medida não foi tomada.

9-10 DE SETEMBRO

Nada ainda de novo sobre a luta.

Partiu ontem mais um comboio que deve ser escoltado pelo 33º batalhão de Jueté para cima, ao entrar na zona perigosa. Não partiu ainda o general Carlos Eugênio e é possível que se prolongue a sua demora.

A nossa situação, os destinos da guerra estão, agora, em função de mil e não sei quantos burros indispensáveis para o transporte de munições.

Esta circunstância bizarra caracteriza as condições especiais da campanha. Ainda quando houvéssemos aqui, em Monte Santo, 100 mil homens não melhoraríamos de sorte. Pode-se mesmo dizer pioraríamos consideravelmente. Não nos faltam homens que se disponham a morrer pela República varados pelas balas.

A República é que não lhes pode exigir o sacrifício da morte pela fome.

Todas estas dificuldades promanam em grande parte da base de operações adotada, encravada no deserto e já de si mesma de acesso penoso.

Os comboios que seguem são o pão de cada dia das nossas forças e são insuficientes. Os 2 mil homens prontos a partir, por uma inversão notável imposta pelos acontecimentos, ao invés de auxiliares serão concorrentes prejudiciais num combate surdo com a penúria.

Esse é o aspecto horroroso e dificilmente atenuado da luta. É por isto que entendo oportuna agora uma tática mais vertiginosa que a de César — chegar, lutar, vencer, voltar...

Nas longas investigações diariamente feitas pelos arredores, tenho estudado, com dificuldades embora, essa região ingrata que é idêntica, com ligeiras variantes, à que circunda o arraial conselheirista. É uma das partes mais modernas talvez do nosso continente e surgiu das águas provavelmente depois da lenta ascensão da cordilheira dos Andes, como um fenômeno complementar.

A falta de matas, de vegetação opulenta, além das causas que resultam da natureza geognóstica do solo e dos agentes meteorológicos, tem como motivo preponderante essa idade recente.

O líquen ainda está decompondo a rocha; a natureza inteira ainda se prepara para a organização superior da vida.

Tudo indica — (e fora longo enumerar as razões em que me baseio) o fundo, descoberto por uma lenta sublevação, de um mar geologicamente moderno, terciário talvez, em cuja amplidão a ponta culminante de Monte Santo despontava como um cachopo de quartzito.

11 DE SETEMBRO

Fomos hoje, à tarde, surpreendidos com uma agradável notícia. O general Artur Oscar comunicou ao ministro que, depois de longo bombardeio, caíram afinal as duas grandes torres da igreja nova de Canudos, pontos que dominavam todo o nosso acampamento e de onde faziam os jagunços um fogo diário e mortífero. Isto sucedeu no dia 6.

Uma outra notícia completa admiravelmente esta. O dia 7 foi brilhantemente comemorado no centro das operações. Foi, depois de tenaz resistência, em que perderam os fanáticos muitas vidas, tomada a trincheira mais avançada da estrada do Cambaio.

Esta notícia tem para nós uma significação mais íntima: segundo ouvi do coronel Sampaio, comandante da brigada da divisão auxiliar, aquela trincheira foi tomada pelo 37º de infantaria e pelo batalhão paulista.

Seguirá amanhã para Canudos a 2ª brigada desta divisão sob o comando do coronel Sotero de Meneses.

CANUDOS, 10 DE SETEMBRO

... E vingando a última encosta divisamos subitamente, adiante, o arraial imenso de Canudos.

Refreei o cavalo e olhei em torno.

É extraordinário que os que aqui têm estado e escrito ou prestado informações sobre esta campanha, nada tenham dito ainda acerca de um terreno cuja disposição topográfica e constituição geológica são simplesmente surpreendedoras.

As inúmeras colinas que se desdobram em torno da cidadela sertaneja, todas com a mesma altitude quase e dando, ao longe, a ilusão de uma campina unida e vasta, alevantam-se dentro de uma elipse majestosa de montanhas. Olhando para a direita, avultam as cumeadas da Canabrava, Poço de Cima e Cocorobó ligando-se à esquerda com as do Calumbi, Cambaio e Caipã — infletindo a leste e a oeste uma curva amplíssima e fechada, com um eixo maior de doze léguas e um menor, de nove, traçando uma elipse perfeita.

Dentro dela estende-se a região caótica, irregularmente ondulada, em cujo centro, aproximadamente, se ergue Canudos.

O arraial não se distingue prontamente, ao olhar, como as demais povoações; falta-lhe a alvura das paredes caiadas e telhados encaliçados.

Tem a cor da própria terra em que se erige, confundindo-se com ela na mesma tinta de um vermelho carregado e pardo, de ferrugem velha, e, se não existissem as duas grandes igrejas à margem do Vaza-Barris, não seria percebida a três quilômetros de distância.

Alevanta-se sobre oito ou nove colinas, suavemente arredondadas umas, terminando outras em rampas fortíssimas.

Visto de alguma distância, porém, parece uma cidade plana, mais abrigada, à direita, pelos acidentes um pouco mais fortes do solo, que, da Favela à Fazenda Velha, se ligam à última trincheira fechando a estrada do Cambaio, circumurando-o, em parte, a cavaleiro do valo profundo do Vaza-Barris que segue a mesma direção.

Do alto da trincheira "Sete de Setembro", erguida num contraforte avançado do morro da Favela, quem o observa tem a impressão inesperada de achar-se ante uma cidade extensa, dividida em cinco bairros distintos e grandes, revestindo inteiramente o dorso das colinas.

É um quadro surpreendente, o deste acervo incoerente de casas — todas com a mesma feição e a mesma cor, compactas e unidas no centro de cada um dos bairros distintos, esparsas e militarmente dispostas em xadrez nos intervalos entre eles.

Não há propriamente ruas, que tal nome não se pode dar às vielas tortuosas, cruzando-se num labirinto inextricável, — e as duas únicas praças que existem excetuada a das igrejas são o avesso das que conhecemos: — dão para elas os fundos de todas as casas; são um quintal em comum.

À esquerda da linha definida pelo observador e a parede anterior da igreja nova, acha-se a parte rica — casas de telhas avermelhadas e de aparência mais correta, um tanto maiores que as demais e mais ou menos alinhadas num arremedo de arruamento. Estendendo-se em torno destas, apresentam-se, numerosíssimas e como que feitas por um único modelo, as casinhas que constituem a maior parte do clã de Antônio Conselheiro.

Feitas de pau-a-pique e divididas em três compartimentos, no máximo, são como que uma paródia grosseira da antiga casa romana —: um átrio que é a um tempo a cozinha, sala de jantar e de recepção, um vestíbulo estreito em algumas, e uma alcova. Cobertas de uma camada de cerca de quinze centímetros de barro, lembram neste ponto as casas dos gauleses de César. Os nossos rudes patrícios têm, porém, um material mais apropriado nas placas largas da rocha predominante da região, que ainda quando decomposta conserva a estratificação primitiva. Assentam-nas sobre as folhas resistentes de *icó*.

É uma cobertura eterna — e Canudos, como um vastíssimo *Kraal* africano, pode durar mil anos, se o bombardeio e os incêndios não o destruírem breve.

Tenho-a percorrido toda, de longe, cansado de acomodar a vista às lentes dos binóculos. Dois meses de bombardeio permanente não lhe destruíram a metade sequer das casas; somente uma análise mais demorada patenteia as ruínas que surgem num e noutro ponto, a própria construção rudimentar impedindo a irradiação eficaz das explosões das granadas. A bala atravessa violentamente, sem encontrar resistência, perfurando paredes estreitíssimas de argila, dez ou vinte casas e não as abala.

Deixa-as intactas quase, abertas apenas mais algumas seteiras para o espingardeamento traiçoeiro feito pelos *jagunços*.

As próprias igrejas, longos dias rudemente tratadas pela artilharia, conservam ainda as paredes mestras quase estruídas, como dois acervos monstruosos de pedras enormes. Os *jagunços* ainda se entrincheiram nelas, às vezes, travando tiroteios cerrados, à queima-roupa, com as linhas audaciosas dos tenentes-coronéis Tupi e Dantas Barreto.

E olha-se para a aldeia enorme e não se lobriga um único habitante. Lembra uma cidade bíblica fulminada pela maldição tremenda dos profetas. E quando os tiros dela partem, de todos os pontos, irradiando para todos os pontos da linha amplíssima do cerco, a fantasia apenas divisa ali dentro uma legião invisível e intangível de demônios...

Se, considerando esta aldeia sinistra, se avaliam todas as dificuldades de um combate travado em seu seio, observando os arredores vê-se que deve ter sido dificílima a investida feita contra ela pelas nossas tropas. Qualquer seção transversal neste terreno caprichoso, determina, desenhada, uma sinuosa. A marcha realiza-se ou seguindo pelos meandros dos pequenos vales ou em sucessivas e inevitáveis subidas e descidas, numerosas e fatigantes, agrupando-se as colinas pouco elevadas numa ordem e feição tais que lembram grandes calotas esféricas dispostas num plano extenso, tangenciando-se no fundo das gargantas intermediárias.

Nada mais perigoso e difícil do que a marcha de um exército em tais lugares; — é como se atravessasse o recinto complicado de uma fortaleza. Cada batalhão, cada brigada, o exército inteiro é fatalmente batido por todos os lados pelo inimigo invisível sempre — acobertado ora pelos valos que sulcam as encostas, cujas bordas mascaradas por enredados renques de macambiras não deixam perceber o atirador ousado, ora pelas trincheiras cavadas no alto, circulares ou elípticas, dentro das quais não caem as balas nem mesmo no ramo descendente das trajetórias.

Nos combates cruentos de 18 de julho ostentaram-se, de modo notável, estas condições táticas formidáveis.

Percorri o campo da batalha com o meu colega Gustavo Guabiru e ele, que foi um dos protagonistas da luta, mostrou-me pontos em que meia dúzia de homens rarearam as fileiras de muitas brigadas.

Violentamente batida pelos flancos e pela frente as forças, ao vingarem as eminências sucessivas do solo, nelas não encontravam do inimigo outro indício além de uma trincheira tosca e cheia de cartuchos detonados. Em compensação, mais adiante continuava a fuzilaria inextinguível e tremenda, fulminando-as novamente por todos os lados

— e o inimigo ressurgia nas três ou quatro colinas mais próximas. E não havia abrigarem-se no fundo dos vales: os tiros mergulhantes desciam mais certeiros ainda.

Fazia-se um esforço indefinível, ordenavam-se as fileiras abaladas, os batalhões ascendiam, a passo de carga, para as novas fortificações e encontravam outra vez as trincheiras vazias e mais adiante, alevantado nos acidentes mais próximos, o mesmo inimigo, intangível e rápido como um demônio, fulminando-os sempre e escapando sempre para novas posições, inteiramente idênticas às anteriores!

Uma coisa fantástica. E nem um plaino sofrivelmente extenso, um ponto abrigado, insignificante embora, para a organização de uma resistência ou ataque mais bem orientado...

Numa das colinas, no alto, sob a ramada sem folhas de um umbuzeiro o meu colega mostrou-me uma cavidade circular de pouco mais de meio metro de profundidade.

Ali esteve no dia da peleja um único homem; e esse homem torturou batalhões inteiros!

Ninguém o podia distinguir. Os tiros rápidos da Manulicher que sopesava, dispensando a pontaria para um alvo enorme, caíam, repetidos, numerosíssimos, em cheio, dentro das fileiras. Era uma fuzilaria tenaz, impetuosa, mortífera, formidável, jogando em terra pelotões inteiros e feita por um único homem. Os soldados, estonteados, atiravam ao acaso, na direção provável dos tiros do maldito: uma saraivada de balas passava rugindo pela galhada do umbuzeiro; o atirador sinistro e nunca percebido abaixava apenas a cabeça e passada a onda de balas, continuava, de cócoras no fundo da trincheira, a tarefa espantosa.

Os melhores binóculos não o distinguiam: agachado na cova, olhando segundo uma tangente à borda do fosso terrível e atirando, atirando, atirando sempre, despiedado, terrível, demoníaco, num duelo de morte contra mil homens!

Ainda lá estão as cápsulas detonadas. Contei 361.

Trezentos e sessenta e um tiros deu aquele ente fantástico e talvez perdesse muito poucas balas.

E não morreu. Por acaso uma fração das forças tomou em acelerado a direção da trincheira. Ele surgiu numa última explosão terrível e desapareceu prestes caindo pela encosta abrupta...

Ora, pelo alto de todas as tombadas que atravessei apareciam as mesmas trincheiras cavadas com uma disposição inteligente umas relativamente às outras cruzando os fogos da maneira mais eficaz e dentro de todas elas os cartuchos detonados patenteavam o mesmo açodamento na peleja.

Não será por isto difícil demonstrar — e fá-lo-ei muito breve — que a batalha de 18 de julho é um dos feitos de armas mais notáveis da nossa história militar.

CANUDOS, 24 DE SETEMBRO

Completo ontem o cerco de Canudos, a luta correrá vertiginosamente, agora. Os sucessos de hoje o indicam.

Desde muito cedo a direita da nossa linha avançou estreitando o sítio e estabelecendo com o inimigo um combate que irá num *crescendo* inevitável. Travaram-se combates parciais, peito a peito, dentro das casas mais próximas, rapidamente cercadas. À audácia indômita do *jagunço* contrapõe-se neste momento a bravura inegável do soldado.

Escrevo rapidamente estas linhas, no meio do tumulto quase, enquanto a fuzilaria intensa sulca os ares a cem metros de distância.

Acabam de chegar alguns prisioneiros.

O primeiro é um ente sinistro —; um estilhaço de granada transformou-lhe o olho esquerdo numa chaga hedionda, de onde goteja um sangue enegrecido; baixo e de compleição robusta, responde tortuosamente a todas as perguntas:

— Está apenas há um mês em *Belo Monte* e nada tem com a luta; nunca deu um tiro porque tem o *coração mole* etc. Nada revela.

Chegam mais duas prisioneiras, mãe e filha; a primeira esquelética e esquálida — repugnante, a segunda mais forte e de feições atraentes. Evitam igualmente tanto quanto possível responder ao interrogatório do general. A filha apenas revela:

— *Vila-Nova esta noite lascou o pé no caminho e há um lote de dias que um despotismo de gente tem abancado para o Cumbe e Caipã.*

Está com muitos dias que há fome em Belo Monte.

A velha nada sabe, evita todas as respostas e nada pode dizer sobre o número de inimigos porque só sabe contar até quarenta!

Morreu-lhe o marido há meia hora; era um baiano truculento; expirou atravessado pelas balas, cinco minutos depois de haver morto com um tiro de bacamarte ao alferes do 24º Pedro Simões Pontes e murmurou com um sorriso sinistro ao expirar:

— Estou contente! Ao menos matei um! Viva o Bom Jesus!

São duas horas da tarde e já temos treze baixas.

Chega mais um jagunço preso.

Deve ter sessenta anos — talvez tenha trinta; vem meio desmaiado: no peito desenha-se, rubra, a lâmina de uma espada, impressa por uma pranchada violenta. Não pode falar, não anda.

Mais outro: é um cadáver claudicante. Foi ferido há dois meses pela explosão de um *shrapnel* quando se acolhia ao santuário. Uma das balas atravessou-lhe o braço e a outra o ventre. E este ente assim vive, há dois meses, numa inanição lenta, com dois furos no ventre, num extravasamento constante dos intestinos. A voz sai-lhe da garganta imperceptível quase. Não pode ser interrogado, não viverá talvez até amanhã.

No colo de um soldado do 5º chega um outro, — tem seis meses.

Foi encontrado abandonado numa casa. E o pobre enjeitado passa, indiferente ao tumulto, acobertado pela própria inconsciência da vida. Depois uma velha com a feição típica de raposa assustada.

E mais outros. Creio que entramos no período agudo da luta que talvez não dure oito dias. Está fechado o círculo de ferro em torno de Canudos.

26 DE SETEMBRO

Os jagunços encurralados na igreja nova e no santuário anexo, desde as dez horas da noite, de ontem, até o momento em que escrevo (10h15 da manhã) atiram desordenadamente numa fuzilaria contínua, frouxa às vezes, recrudescendo repentinamente outras. Não apontam mais, atiram ao acaso, para todas as direções, desesperadamente. É um vulcão numa erupção de balas aquele templo maldito.

O espetáculo de Canudos, presa das chamas que lavram em diferentes pontos é extraordinário; a fumarada — enovelada e pardacenta — alevanta-se e desenrola-se e espalha-se por sobre os telhados, encobrindo a maior parte das casas e mal deixando perceber as bandeirolas vermelhas — pontos determinantes da linha do cerco — alevantados agora em torno do último baluarte dos rebeldes. E os tiros partem deste, constantes, multiplicados, inúmeros, num desperdiçar de munições capaz de exaurir o arsenal mais rico. São balas que sibilam em todos tons desde o ressoar áspero e roufenho das Comblains à zoada lúgubre dos projéteis grosseiros dos bacamartes, ao assovio suave quase e delicadíssimo da Manulicher, vergastando os ares.

Os canhões cuidadosamente conteirados para não atingirem aos sitiantes próximos, atiram granadas e *shrapnels* certeiros no antro formidável; — e a fuzilaria não cessa e cada bala que ali cai parece estimular a insânia dos fanáticos.

Tem a mais sólida, a mais robusta têmpera essa gente indomável! Os prisioneiros feitos revelam-na de uma maneira expressiva.

Ainda não consegui lobrigar a mais breve sombra de desânimo em seus rostos, onde se desenham privações de toda a sorte, a miséria mais funda; não tremem, não se acobardam e não negam as crenças mentidas pelo evangelizador fatal e sinistro que os arrastou a uma desgraça incalculável.

Mulheres aprisionadas na ocasião em que os maridos caíam mortos na refrega e a prole espavorida desaparecia na fuga, aqui têm chegado — numa transição brusca do lar mais ou menos feliz para uma praça de guerra, perdendo tudo numa hora — e não lhes diviso no olhar o mais leve espanto e em algumas mesmo o rosto bronzeado de linhas firmes é iluminado por um olhar de altivez estranha e quase ameaçadora. Uma delas acaba de ser conduzida à presença do general. Estatura pequena, rosto trigueiro, cabelos em desalinho, lábios finos e brancos, rugados aos cantos por um riso doloroso, olhos vesgos, cintilantes; traz ao peito, posta na abertura da camisa, a mão direita, ferida por um golpe de sabre.

— Onde está teu marido?
— No céu.
— Que queres dizer com isto?
— Meu marido morreu.

E o olhar correu rápido e fulgurante sobre os circunstantes sem se fitar em ninguém.

O chefe da comissão de engenharia julgou conveniente fazer-lhe algumas perguntas acerca do número de habitantes e condições da vida, em Canudos.

— Há muita gente aí, em Canudos?
— E eu sei?... Eu não vivo *navegando na casa* dos outros. *Está com muitos dias* que ninguém sai por via das peças. E eu

sei contar? Só conto até quarenta e *rola o tempo* pra contar a gente de Belo Monte...

— O Conselheiro tem recebido algum auxílio de fora, munições, armas?...

— E eu sei? Mas porém em Belo Monte não manca arma nem gente pra brigar.

— Onde estava seu marido quando foi morto?

Esta pergunta foi feita por mim e em má hora a fiz. Fulminou-me com o olhar.

— *E eu sei?* Então querem saber de tudo, do *miúdo e do grande*. Que extremos!...

E uma ironia formidável, refletida nos lábios secos que ainda mais se rugaram num sorriso indefinível, sublinhou esta frase altiva, incisiva, dominadora como uma repreensão.

— Onde está Vila-Nova?
— *Abancou* para o Caipã.
— E Pajeú?
— *É de hoje* que ele foi pro céu?
— Tem morrido muita gente aí?
— *E eu sei?*...

Este *e eu sei? é* o início obrigado das respostas de todos; surge espontaneamente, infalivelmente, numa toada monótona, encimando todos os períodos, cortando persistentemente todas as frases.

— Fugiram muitos jagunços hoje, no combate?

— E eu sei? Meu marido foi morto por um *lote de soldados* quando saía; o mesmo tiro quebrou o braço do meu filho de colo... Fiquei *estatalada*, não vi nada... este sangue aqui na minha manga é do meu filho, o que eu queria era ficar lá também, morta...

E assim vão torcendo e evitando a todas as perguntas, fugindo vitoriosamente ao interrogatório mais habilmente feito. E que as interrogativas assediem-nos demais, inflexivelmente, quando não é mais possível tergiversar lá surge o infalível — *e eu sei?* tradução bizarra de todas as negativas, eufemismo interessante substituindo o *não* claro, positivo.

São cinco horas da tarde. Os jagunços continuam inamolgáveis, na resistência. Tivemos ontem cerca de cinquenta baixas e as de hoje não serão talvez menores. Faleceu heroicamente, quando tomava posição perto das igrejas, o capitão Cordeiro, do batalhão paraense, na mesma ocasião quase em que era ferido o coronel Sotero de Meneses, comandante do mesmo batalhão. Acaba de ser ferido por um tiro de bacamarte o major José Pedro, do batalhão paulista, no braço esquerdo, no peito e na cabeça, sem gravidade. O sargento do 5º de artilharia Francisco de Melo — o mesmo que há menos de um mês, num belo lance de bravura, foi só à igreja nova lançar uma bomba de dinamite — acaba também de ser ferido. E os estragos vão-se assim acumulando no final mesmo da luta, e pode--se avaliar o que foi ela no princípio quando o inimigo se revestia da força moral da vitória.

Onze horas da noite. A partir das seis horas da tarde recrudesceu a fuzilaria que ainda perdura e, certo, continuará por toda a noite. Ela faz-se numa intermitência sucessiva de tiros numerosos, multiplicados como uma explosão e períodos mais calmos de fogo lento, como reticências passageiras no tumulto ruidoso do tiroteio.

Olho neste instante, cautelosamente, por uma fresta da trincheira para a igreja...

É uma cratera fulgurante. Assombra...

Não é possível que a munição de guerra daquela gente seja só devida à deixada pelas expedições anteriores. A nossa esgota-se todos os dias; todos os dias entram comboios carregados e, no entanto, já nos falta, às vezes.

Como explicar essa prodigalidade enorme dos jagunços?

Não nos iludamos. Há em toda esta luta uma feição misteriosa que deve ser desvendada.

Meia-noite. Mal posso, à luz mal encoberta de um fósforo, observar a temperatura e a pressão no meu aneroide, a fuzilaria continua tenaz de lado a lado.

Já se não distinguem os tiros — ouve-se um ressoar imenso lembrando o de muitas represas bruscamente abertas.

Os jagunços lutam agora pela vida, no sentido mais estrito da frase. Lavra entre eles a sede e as cacimbas ali estão, a poucos metros apenas, em nosso poder.

Mas não vacilam, não recuam, não se entregam, e atiram, atiram sempre dentro de um círculo de fogo formado, pelas armas vivamente disparadas de seus batalhões.

A igreja sinistra avulta nas trevas, dominadora, formidável. Reflui sobre ela o relampaguear do tiroteio e a essa claridade indistinta e rubra creio distinguir, deslizando no alto dos muros estruídos, engrimponados alguns, nos restos desmantelados das torres derrocadas, os nossos rudes patrícios transviados.

27 DE SETEMBRO

7h30 da manhã — A fuzilaria cessou apenas às cinco horas. Durou a noite inteira. Acossado pela sede o inimigo abandonou por dezoito vezes os redutos, atacando as linhas, na direção das cacimbas abertas no leito do rio. Foram sempre rudemente repelidos embatendo de encontro a seis batalhões, o 34º, 38º, 25º, 37º de infantaria e os corpos policiais dos estados. Foram dezoito combates violentos e rápidos, alguns durando apenas dez minutos e extinguindo-se lentamente, diferenciados em tiros destacados, terminando bruscamente outros — descendo sem transição o silêncio da noite estrelada sobre os últimos ecos dos estampidos.

E o adversário atrevido conseguiu em parte realizar o intento que o levara ao ataque: alguns mais audaciosos desceram ao leito do rio, desafiando a morte, caindo pelas barrancas, batidos pelas trincheiras, alvejados à queima-roupa quase — rápidos e ágeis e terríveis — enchendo as vasilhas e voltando prontamente, galgando velozmente a barranca, perdendo-se entre os escombros da igreja nova...

Presenciei de longe as evoluções de um desses seres fantásticos, agitando-se, meio afogado na noite, indistinto como um duende. Alguns não voltaram — lá estão, de bruços, à borda das cacimbas...

Com a temperatura máxima de 33º à sombra destes dias, deve ser crudelíssimo o martírio dessa gente indomável e custa a compreender a energia soberana que os alevanta por tal modo acima das imposições mais rudes da matéria.

E lutam por um líquido altamente suspeito e envenenado quase — por uma água contaminada pelos detritos orgânicos de cadáveres que jazeram largo tempo sobre o leito do rio; uma água pesada e salobra que não extingue a sede e em cujo sabor repugnante se pressente a ação tóxica das ptomaínas e fosfatos dos organismos decompostos.

— O general Artur Oscar, restabelecido agora de ligeira enfermidade, acaba de mostrar-me alguns tipos de balas caídas nos tiroteios da noite. São de aço, semelhantes às das Mannlicher, algumas, outras completamente desconhecidas. São inegavelmente projéteis de armas modernas que não possuímos.

Como as possuem os *jagunços*?

Estou aqui há quinze dias e há quinze dias que, quase sem interrupção, os fanáticos replicam vigorosamente, em tiroteios cerrados, a qualquer ataque; repilo de todo a ideia de que se utilizem ainda das munições tomadas às expedições anteriores. Sou levado a acreditar que tem raízes mais fundas esta conflagração lamentável dos sertões.

— Canudos já patenteia o aspecto entristecedor de uma cidade em ruínas: surgem restos de cumeeiras carbonizadas, despontam traves e esteios fumegantes ainda, inclinam-se desaprumadas, amparadas, umas em outras paredes esburacadas e o acervo incoerente das coberturas de argila, desabadas, surge por toda a parte, desolador. Há dois dias que lavra em seu seio o incêndio — em fogo lento, lembrando a atividade latente dos fornos catalães, fogo sem chamas, progredindo através dos obstáculos derivados da argila, que é o material predominante das casas, mas lavrando sempre — surdamente — desapiedadamente, lançando sobre o arraial maldito a fumarada intensa como uma mortalha enorme.

As nossas forças marcham através das ruas tortuosas e estreitas da povoação, quase toda conquistada casa por casa e vão impelindo, para a igreja nova e santuário a população inteira.

9h00 da noite — Com relativa comodidade escrevo na mesa da farmácia anexa ao hospital militar. Em frente alevantam-se barracões repletos de feridos e doentes e cheios de lamentos mal abafados, de dores cruciantes. Sobre a cobertura de couro do casebre em que me acolho passam, sibilando, as balas.

Já me vou afeiçoando a esta orquestra estranha. Não há um único ponto do acampamento em que ela não se faça ouvir; um único ponto em que não caiam os projéteis constantemente arremessados pelo inimigo. No próprio hospital militar eles têm ido procurar os feridos e doentes, cortando rapidamente a vida de moribundos. O digno dr. Curio, diretor daquele hospital, despertou hoje pela madrugada sentindo violenta pancada na cabeça.

Uma bala atravessara a tela da barraca, perpassando pela fronte do distinto médico. Devia demorar-me algum tempo em referência especial ao dr. Curio, um homem que tem revelado dedicação exemplar pelo dever e que liga às funções de médico os atributos notáveis de uma alma profundamente religiosa. Jamais esquecerei a oração fúnebre solenemente entoada por ele no momento em que expirava, numa agonia tristíssima, o alferes do 24º Simões

Pontes, mortalmente ferido no dia 24. Destino, porém, a outras páginas, o estudo psicológico da campanha — incompatível com a rapidez destas notas. Além disto conheço que não poderei prolongar-me mais hoje. Acaba de recrudescer o tiroteio e o assobio das balas ressoa sobre todos nós lembrando uma ventania furiosa.

Não teremos outra noite.

28 DE SETEMBRO

Durante a noite toda, com pequenos intervalos, continuou de parte a parte, intensa, a fuzilaria. Creio que os jagunços conseguiram agora, graças a sucessivos, inesperados e impetuosos assaltos às linhas e protegidos pela noite, tirar alguns baldes de água das cacimbas do rio. Nada de novo, entretanto, na nossa situação geral.

Persiste a monotonia estranha do cerco. No entanto há três dias acreditei que os nossos antagonistas não poderiam resistir três horas, esmagados numa brusca apertura do cerco. Mas lá estão, indomáveis, num círculo estreitíssimo, visados constantemente por mil e tantas carabinas prestes a disparar — e não cedem.

São incompreensíveis quase tais lances de heroísmo.

Para não perder tempo continuo, com o tenente-coronel Siqueira de Menezes — um tipo interessantíssimo e notável, ao qual mais longamente me referirei — a observar sistematicamente, hora por hora, a temperatura, a pressão e a altitude em Canudos. Faremos com todo o cuidado estas observações que são as primeiras realizadas nestas regiões e das quais se derivará a definição mais ou menos aproximada do clima destes sertões.

— Ao meio-dia em ponto, por determinação do comando-em-chefe, cada bateria saudou a data feliz de hoje com uma salva de 21 tiros de bala. E todas as balas — uma a uma — com uma precisão facilitada pela distância reduzida, caíram na área estreita em que fervilham os jagunços, explodindo e incendiando ou despedaçando as frágeis edificações; mas sobre a pressão do bombardeio forte eles atiravam vigorosamente sobre as linhas.

Às cinco e meia da tarde, entretanto, alvorotou-se o acampamento todo: correra, célere, a notícia de que se haviam rendido os jagunços. Alguns soldados haviam visto agitar-se entre as casas, à retaguarda do santuário, como um apelo desesperado à salvação, uma bandeira branca.

Além disto dera-se um fato absolutamente novo — cessaram completamente os tiros dos jagunços. A zona reduzida em que se acoutam parecia abandonada. Uma curiosidade irreprimível fez com que se alevantassem nos mais perigosos pontos grupos de observadores.

E nem um leve sinal de vida, adiante; na igreja nova nem um leve ruído; um silêncio tumular pairava solenemente sobre a ruinaria de pedra do templo gigantesco.

Em frente à sede da comissão de engenharia — ponto clássico das melhores palestras do acampamento — o grupo habitual de que faz parte o general em chefe, — comentava-se vivamente o acontecimento, preestabelecendo-se soluções a diferentes hipóteses prováveis.

Ter-se-ia entregue o Conselheiro?

Fora morto por algum estilhaço de granada?

Sacrificado pelos seus próprios sequazes desesperados ante os insucessos sucessivos dos últimos dias?

E que fazer se o trágico evangelizador se rendesse confiando na generosidade do vencedor?

Às seis horas uma banda do 12º batalhão começou a tocar, a vinte passos do nosso grupo. Até as sete horas as notas vibrantes e marciais das marchas dominaram o silêncio. E quando os músicos se retiraram este último reinou novamente, inexplicável.

A que atribuí-lo?

Realmente alguma coisa de anormal passava-se em frente, no arraial; e os corações começavam já a bater febrilmente ante a quase evidência da vitória longamente esperada, quando uma explosão formidável feita pelos disparos simultâneos das armas despedaçou o silêncio e a noite e um turbilhão de balas caiu rugindo sobre a nossa gente...

Incompreensível e bárbaro inimigo!

E a fuzilaria, como a de ontem, parece que persistirá por toda a noite. A batalha crônica que aqui se trava há três meses teve apenas uma trégua de três horas.

29 DE SETEMBRO

Durou a noite toda quase a fuzilaria, com intervalos maiores que a da noite anterior, porém.

Por doze vezes os jagunços investiram contra as linhas, sendo repelidos.

Conseguiram, entretanto, ainda, adquirir alguns litros d'água.

As sete e meia, em companhia dos generais Artur Oscar, Carlos Eugênio, tenente-coronel Menezes e outros oficiais segui para uma excursão atraentíssima — um passeio dentro de Canudos!

Seguimos a princípio pelo alto das colinas que se desdobram para o flanco direito da linha e contornando-as depois numa inflexão para a esquerda descemos por uma sanga apertada e áspera em que as placas duríssimas e negras de talcoxisto cintilavam ao sol; — e encontramos as primeiras casas do arraial, casas que ainda dois dias antes estavam adiante em poder dos nossos rudes e valentes adversários. A revolta dos trastes paupérrimos e toscos, quebrados ou incendiados indicava toda a violência das refregas anteriores. À porta de algumas fumegavam ainda, como piras sinistras, cadáveres carbonizados de jagunços. E embrenhamo-nos inteiramente na tapera colossal.

Tive uma primeira decepção: não consegui descobrir a propalada disposição em xadrez, das casas, à qual eu mesmo me referi anteriormente. Nada que recorde o mais breve, o mais simples plano na sucessão de humílimos e desajeitados casebres. Ausência quase completa de ruas, em grande parte substituídas por um dédalo desesperador de becos estreitíssimos, mal permitindo, muitos, a passagem de um homem. Às vezes cinco ou seis casas alinham-se como que numa tentativa de arruamento, mas logo adiante em ângulo reto com a direção daquelas, alinham-se outras, formando martelo e dando ao conjunto uma feição indefinível, constituindo um largo imperceptível e imperfeito para o qual dão simultaneamente os quintais, a frente das casas que se enredam desordenadamente. As mais das vezes, porém, nem isto se dá: as casas acumulam-se em absoluta desordem, completamente isoladas, algumas entre quatro vielas estreitas, unidas outras, com as testadas voltadas para todos os pontos, cumeeiras orientadas em todos os sentidos, num baralhamento indescritível, como se tudo aquilo fosse construído rapidamente, vertiginosamente, febrilmente — numa noite — por uma multidão de loucos!

E esse acervo incoerente de casebres escuros e pequenos tendo quase todos uma só porta e muitos nem uma só janela, desdobra-se pelas lombadas, cai para o fundo das sangas, reveste uma extensão enorme.

Para se ir de uma casa à outra, afastada apenas meia dúzia de metros, tem-se de fazer um rodeio dilatado e em certos pontos, para dirigirmo-nos a determinada parte do povoado temos que abandoná-lo, contornando-o por fora.

Afinal aparece uma das raras ruas — a rua do Campo Alegre. Divide o arraial em duas partes quase iguais, segundo a meridiana aproximadamente. Patenteia uma novidade — algumas casas de telhas. Segue, retilínea, pelo alto da extensa ondulação do solo e era, certo, uma das paragens prediletas da melhor gente da terra.

Nos quintais abandonados nem o mais tênue traço de um canteiro, um arremedo qualquer de jardim; em compensação enche-os toda a velharia de trastes inservíveis das casas; não tinham talvez outra função. Nem uma árvore, nem um pé de flor.

O interior das casas assusta...

Compreende-se que haja povos vivendo ainda, felizes e rudes, nas anfractuosidades fundas das rochas; que o *caraíba*, ferocíssimo e aventureiro se agasalhe bem nas *tubanas* de paredes feitas de sebes entrelaçadas de trepadeiras agrestes e tetos de folhas de palmeiras ou os caucásios nas suas *burcas* cobertas de couro — mas não se compreende a vida dentro dessas furnas escuras e sem ar, tendo como única abertura, às vezes, a porta estreita da entrada e cobertas por um teto maciço e impenetrável de argila sobre folhas de icó!

Quando o olhar do observador se acomoda afinal à penumbra que reina no interior percebe uma mobília que é a de todas as casas quase: um banco grande e grosseiro (uma tábua sobre quatro pés não torneados); dois ou três banquinhos; redes de *cruá*; dois ou três baús de cedro de três palmos sobre dois. É toda a mobília. Não há camas; não há mesas, de um modo geral. Pendurada à parede distingue-se a *borracha* destinada ao transporte da água. É um traste precioso nestas áridas regiões — e que, tendo, além disto, a propriedade de deixar que se opere ligeira transudação, facilita, por uma evaporação contínua, o resfriamento do líquido. A um canto um infalível par de *caçuás* (jacás) de cipó e alguns *aiós*, espécie de bolsa para caça, feita de tecido de malha de *cruá*. Os *aiós* são agora empregados pelos jagunços para o transporte das munições de guerra. Cada um pode conduzir até oitocentos cartuchos.

Atravessada a rua do Campo Alegre guiou-nos a marcha Cândido Mariano, comandante da gente do Amazonas — marcha entre trincheiras e escombros.

O passeio tornou-se perigosamente atraente, com os jagunços a dois passos apenas, nas casas contíguas, prontos a abrirem nas paredes frágeis uma seteira à passagem dos canos truculentos. Diante das trincheiras, sobretudo, era inevitável o passo francamente acelerado porque andar depressa sem correr em tal situação já é heroísmo. Ao passar por uma delas chamou-me uma voz conhecida e reconheci o capitão Osório. A perigosa posição naquele ponto estava sendo guardada pela ala direita do batalhão de S. Paulo, que tem sido admirável de correção em toda esta campanha.

Afinal, de volta, atingimos as *Casas Vermelhas*, subúrbio minúsculo de Canudos, e deixamos, demandando o acampamento, aquela povoação estranha.

CANUDOS, 1º DE OUTUBRO

Não há manhãs que se comparem às de Canudos; nem as manhãs sul-mineiras, nem as manhãs douradas do planalto central de S. Paulo se equiparam às que aqui se expandem num firmamento puríssimo, com irradiações fantásticas de apoteose. Douram-se primeiro as cristas altas de Cocorobó, Poço de Cima e Canabrava e a onda luminosa do dia sulca-lhes, lentamente ascendendo, os flancos abruptos e ásperos semelhando uma queimada longínqua, nas serras. A orla iluminada amplia-se, vagarosamente, descendo pelos contrafortes e gargantas das montanhas fimbradas de centelhas... Depois, a pouco e pouco, um raio de sol escapa-se, tangenciando as quebradas mais baixas, e sucedem-se rapidamente outros e vingando logo após a barreira das montanhas o dia desdobra-se deslumbrante sobre a planície ondulada, iluminando-se repentinamente todas as vertentes das serras do Cambaio, Caipã e Calumbi, até então imersas na penumbra.

E há como que uma harmonia estranha nos ares de uma região da qual fugiram, de há muito, espavoridas, todas as aves. Uma harmonia imperceptível quase e profunda, feita pela expansão íntima da terra ante o beijo ardentíssimo da luz, recordando o fato mitológico da estátua de Memnon, de Tebas.

Hoje, porém — coincidência bizarra! — observei pela primeira vez uma manhã enevoada e úmida — persistentemente varada por uma garoa impertinente e fina; uma manhã de inverno paulista. E quando os primeiros tiros da artilharia ressoaram, dando começo a mais um encontro crudelíssimo com os nossos selvagens adversários, parece-me que mais lúgubre se tornou a manhã, agravada pela fumarada negra e espessa do bombardeio.

Este foi violento, desapiedado, formidável; assisti-o da sede da comissão de engenharia.

Uma a uma, com uma precisão matemática, as granadas estouravam dentro da área reduzida do inimigo, batendo-a em todos os pontos, casa por casa; ricochetando em certos lugares e abrindo um circulo amplíssimo de estragos, suspendendo além, bruscamente, numa explosão enorme, a poeira intensa dos escombros, alevantando mais longe a coma fulva e desgrenhada dos incêndios.

Durante 48 minutos os canhões da Sete de Setembro, do centro e da direita da linha fulminaram, reviraram, revolveram um trecho do povoado onde repugnava à razão admitir a existência de homens, sobre-humanamente bravos embora. E durante todo esse tempo sob uma avalanche pesadíssima de ferro, nem uma voz se alteou da zona fulminada, imersa toda numa quietude pasmosa, inconceptível quase; nem um vulto correndo estonteado pelas vielas estreitas e tortuosas, nem a mais leve agitação patenteavam a existência de seres, ali dentro.

A artilharia fez estragos incalculáveis nas pequenas casas, repletas todas. Penetrando pelos tetos e pelas paredes as granadas explodiam nos quartos minúsculos despedaçando homens, mulheres e crianças sobre os quais descia, às vezes, o pesado teto de argila, pesadamente, como a laje de um túmulo, completando o estrago. Parece, porém, que os malferidos mesmo sofreavam os brados da agonia e os próprios tímidos evitavam a fuga, tal o silêncio, tal a quietude soberana e estranha, que pairavam sobre as ruínas fumegantes, quando, às 6h48, cessou o bombardeio.

Foi determinado o assalto. Dois batalhões de linha, o 4º e o 29º, atravessaram, de armas suspensas, aceleradamente, a marche-marche, o rio; galgaram, rápidos, o barranco empinado da margem esquerda e surgiram de baioneta calada em frente da igreja nova.

Um belo movimento heroico executado num minuto.

Nesse momento passou-se um fato extraordinário e inesperado em que pese aos numerosos exemplos de heroica selvatiqueza revelada pelo *jagunço*.

De todas as casas, há poucos minutos fulminadas, irrompendo de todas as frinchas das paredes e dos tetos, saindo de todos os pontos, explodiu uma fuzilaria imensa, retumbante, mortífera e formidável, de armas numerosas rápida e simultaneamente disparadas — e sobre os batalhões assaltantes refluiu a réplica tremenda de uma saraivada, impenetrável, de balas!

Isto logo após o bombardeio, logo depois da agitação da metralha terrível e demolidora que os trucidou, despedaçou e mutilou — mas não destruiu a formatura para o combate...

Sejamos justos — há alguma coisa de grande e solene nessa coragem estoica e incoercível, no heroísmo soberano e forte dos nossos rudes patrícios transviados e cada vez mais acredito que a mais bela vitória, a conquista real consistirá no incorporá-los, amanhã, em breve, definitivamente, à nossa existência política.

Vi caírem as primeiras vítimas sobre o acervo informe das ruínas da igreja, sobre os grandes blocos de pedra da fachada disjungida e desmantelada pelas balas. Foram muitas; tantas que a princípio acreditei que, obedientes a um preceito rudimentar de tática, muitos soldados houvessem caído de bruços para atirar com mais segurança e melhor.

O combate prosseguiu vivamente. Ressoaram as cornetas reproduzindo o toque partido da Sete de Setembro onde se achava o general Artur Oscar.

Ouvi nitidamente a ordem para que avançasse o 5º de polícia da Bahia.

O 5º avançou.

Não foi a investida militar, o avançar franco, numa larga exposição do peito aos tiros, do 4º e do 29º; mas um como que serpear rápido e heroico, um cintilar vivíssimo de baionetas ondulantes, traçando uma sinuosa fulgurante de lampejos desde o leito do rio até às ruínas da igreja.

O mesmo avançar dos jagunços, — célere, serpeante, escapando à trajetória retilínea — num colear indescritível e fantástico quase, como se aqueles duzentos homens fossem as vértebras mobilíssimas de uma serpente enorme investindo num bote atrevido contra o povoado e envolvendo, numa constrição vigorosa, com a cauda de aço flexível e forte, o baluarte sagrado do inimigo.

O 5º de polícia é todo constituído por sertanejos do interior da Bahia e de outros estados e o seu desassombro no combate e a capacidade singular de adaptar-se às mais duras condições de uma campanha, patenteiam admiravelmente o valor e a têmpera resistente dos nossos rudes patrícios dos sertões.

— Momentos antes dessa investida, caíra mortalmente ferido o major Queiroz, comandante do 29º. Vi-o, depois, no hospital de sangue. Emoldurado o rosto arroxeado pela barba branca maltratada, o aspecto do digno chefe comovia profundamente. Um ponto negro, de sangue coagulado, na raiz do nariz, indicava a entrada da bala. Um ponto negro, pequeníssimo, imperceptível a dez passos de distância; em compensação, porém, a fronte nobre e ampla, sulcada diagonalmente, mostrava o curso do projétil dentro do crânio.

— Às oito horas, era geral o combate em que se empenhavam outros corpos, além da 3ª e 6ª brigadas.

Nessa ocasião uma nova absolutamente inesperada abalou a todos: morrera, atravessado por uma bala, quando observava de binóculo, numa trincheira, o movimento da batalha, o tenente-coronel Tupi Caldas.

Era um oficial de carreira, um militar de raça, um esplêndido general do futuro.

Estatura pequena; magro, seco, nervoso, fisicamente frágil; olhar sem expressão animando-se, porém, repentinamente, nas discussões em que mal sofreava as expansões de um temperamento apaixonado e forte; a um tempo simples e ávido de renome; modesto, mas tendo, perene, n'alma, o sonho indefinido, a idealização suprema e absorvente da glória.

Ultimamente atravessava o acampamento arrimado em comprido bordão, com o andar titubeante e incerto dos beribéricos.

Rodeava-o a simpatia de todos. Os seus comandados diretos, os soldados do 30º, respeitavam-no como a um pai.

No dia 30, à tarde, quando me dirigia para o acampamento do batalhão paulista, encontrei-o.

Interpelou-me de longe:

— Então, seu doutor, já recebeu o trabuco que lhe mandei? Uma arma interessante; há de fazer um sucesso enorme em São Paulo.

Agradeci-lhe o presente na véspera enviado e depois de breve troca de palavras, disse-lhe:

— Sabe que o general não concorda que entre amanhã no combate?

— Sei, sei, o Artur é muito meu camarada e teme pela minha moléstia... Mas não acha que é um contrassenso ficar na minha barraca agora, no fim de tudo, eu, que suporto há tanto tempo este inferno?... Ficar na cama no fim da festa, justamente quando vão servir os doces... Não! falta só um dia, vou até ao fim.

E faltava-lhe só um dia e foi até ao fim o bravo e dedicado lidador, uma magnífica existência heroica atravessada ao ritmo febril das cargas guerreiras, uma vida que foi um poema de bravura tendo como ponto final uma bala de Mannlicher.

Correu um frêmito, misto de pavor, de espanto e de cólera pelas fileiras do 30º. Houve um momento de vacilação e depois, como um só homem, mudo, assombrado, terrível, o batalhão rolou sobre a trincheira, transpô-la de um salto, caiu no solo violentamente batido pela fuzilaria e enfrentando a morte precipitou-se sobre o inimigo, a marche-marche, sem disparar um tiro, impetuosamente, varrendo-o à baioneta e a coice de armas!

E — fato que teve muitas testemunhas — o soldado ao voltar desta carga tremenda, ferido, mutilado ou chamuscado pelo incêndio, coberto pela poeira dos escombros, exausto e ofegante da luta, vestes despedaçadas nos pugilatos corpo a corpo, indiferente à dor, indiferente à vida que se lhe escapava lentamente pelas artérias rotas, vinha chorando, murmurando com uma veneração estranha o nome do denodado comandante.

— Generalizado o combate às nove horas era difícil conjecturar sequer para que lado propendia a vitória. O inimigo resistia, indomável, dentro de um círculo de fogo.

Dissolveram-se nessa ocasião as névoas da manhã e um sol claríssimo iluminou a batalha.

Observei então que o incêndio lavrava a oeste do arraial, progredindo lentamente para a zona ocupada pelo inimigo.

Às dez horas a vitória pairou um minuto sobre as nossas armas, mas desapareceu de pronto. Fora tomada a igreja nova e um cadete do 7º cravara, audaciosamente, no alto da parede estruída do templo a bandeira nacional.

As cornetas tocaram a marcha batida e um viva à República imenso e retumbante saiu de milhares de peitos.

Surpreendidos por esta manifestação estranha, os próprios jagunços cessaram, por momentos, o tiroteio.

Na larga praça das igrejas fervilhavam soldados, atumultuadamente, andando em todas as direções, trocando saudações entusiásticas.

Era a vitória, por certo.

Eu estava a cerca de duzentos metros apenas da praça, no quartel-general do general Barbosa. Desci rapidamente a encosta e entrei na zona do combate. Não gastei dois minutos na travessia. Ao chegar, porém, ouvi, surpreendido, sobre a cabeça, o sibilar incômodo das balas.

Tudo é incompreensível nesta campanha: a batalha continuava mais acesa e mortífera se é possível.

Abeirei-me de uma trincheira.

Estava ali um batalhão sob o comando do capitão Raimundo Magno da Silva.

Nessa ocasião três estampidos mais fortes que a explosão das granadas fizeram-se ouvir, próximo à latada.

Tinham sido arremessadas três bombas de dinamite sobre os jagunços. Senti o solo estremecer numa vibração rápida e forte de terremoto.

Cessaram os tiros do inimigo e três colunas de fumo, precursoras do incêndio, determinaram os pontos flagelados.

Mas estas não se tinham ainda dissolvido nos ares e a fuzilaria inimiga, reatando a refrega, batia outra vez, violentamente, as nossas linhas.

Mais violenta, se é possível, prosseguia a batalha.

Voltei para o meu posto de observação, cautelosamente, desenfiando-me pelas casas e ao atingir o alto da encosta, vi passar, numa rede, agonizante, o capitão Aguiar, assistente do general Carlos Eugênio.

No extremo de um beco estreitíssimo, abrigado por uma casa a poucos passos das trincheiras, o malogrado oficial conversava com o tenente-coronel Dantas Barreto e o capitão Abílio, assistente do general Artur Oscar, quando, ao passar um batalhão que avançava, se afastou dos companheiros para observar, da esquina, a investida. E ao observá-la, vigorosa e impávida, o moço republicano, que era um oficial valente, jovial e bom, tirou o chapéu, agitando-o entusiasticamente e ergueu — febricitante — um viva fervoroso à República.

Essa saudação custou-lhe a vida: a vida fugiu-lhe do peito de envolta nas vibrações de um brado heroico, precisamente na ocasião em que a sua alma sincera ansiava pela existência eterna da República.

Morreu como sabem morrer os imortais, aquele digno, leal e esplêndido companheiro...

— As 10h52 novos estampidos abalaram os ares e novamente estremeceu a terra em torno de um punhado de valentes transviados; novas bombas de dinamite derramaram a devastação e a morte na zona convulsionada em que lutavam os últimos jagunços. E despedaçados pelas explosões fortíssimas que dispartiam em todas as direções os restos das casas destruídas, sob os escombros fumegantes, sob um chuveiro de balas, apertados num círculo de baionetas e de incêndios, aquela gente estranha não fraqueou sequer na resistência.

As nossas baixas avultavam. As padiolas e redes passavam, incessantemente, inúmeras, como uma procisão lutuosa e triste dos que seguiam a romaria trágica para o túmulo.

No hospital de sangue um quadro lancinante, indefinível.

Sem espaço mais dentro das amplas barracas, os feridos acumulavam-se, fora, no chão ensanguentado, sob o cáustico abrasado de um sol inclemente e fulgurante, atordoados pelos zumbidos agourentos e incômodos das moscas, fervilhando em número incalculável.

Quando à uma hora da tarde contemplei o quadro emocionante e extraordinário, compreendi o gênio sombrio e prodigioso de Dante. Porque há uma coisa que só ele soube definir e que eu vi naquela sanga estreitíssima, abafada e ardente mais lúgubre que o mais lúgubre vale do *Inferno*: a blasfêmia orvalhada de lágrimas, rugindo nas bocas simultaneamente com os gemidos da dor e os soluços extremos da morte.

Feridas de toda a sorte, em todos os lugares, dolorosas todas, gravíssimas muitas, progredindo numa continuidade perfeita dos pontos apenas perceptíveis das Mannlichers, aos círculos maiores impressos pelas Comblains, aos rombos largos e profundos abertos pelas pontas de chifre, pelos pregos, pelos projéteis grosseiros dos bacamartes e trabucos.

Vibrava no ar um coro sinistro de imprecações, queixas e gemidos. Quase todos contorciam-se sob o íntimo acúleo de dores cruciantes, arrastavam-se outros disputando um resto de sombra das barracas, quedavam-se muitos, as mãos cruzadas ou espalmadas sobre o rosto, resguardando-o do sol, imóveis, estoicos, numa indiferença mórbida pelo sofrimento e pela vida.

No fundo dos barracões, arrimados sobre os cotovelos ou sentados, os antigos doentes, os feridos dos combates anteriores, olhavam assustados para os novos companheiros de desdita, sócios das mesmas horas de desesperança e martírio.

A um lado, lançados sobre o chão duro, francamente batidos pelo sol, alinhavam-se três cadáveres — o tenente-coronel Tupi, o major Queiroz e o alferes Raposo.

Felizes os que não presenciaram nunca um cenário igual...

Quando eu voltei, percorrendo, sob os ardores da canícula, o vale tortuoso e longo que leva ao acampamento, sentia um desapontamento doloroso e acreditei haver deixado muitos ideais, perdidos, naquela sanga maldita, compartindo o mesmo destino dos que agonizavam manchados de poeira e sangue...

À 1h45, cheguei à sede da comissão de engenharia e observei o combate.

A situação não mudara.

Dentro de um *cumulus* enovelado e pardacento de fumaça agitava-se ainda, doidamente, o encontro. Cinco minutos depois partiu do comando-em-chefe um toque geral de infantaria avançar sobre as trincheiras. A infantaria avançou sem conseguir tomá-las. A estrada, os sulcos profundos abertos pela dinamite eram trancados tenazmente pela fuzilaria.

Impossível formar-se a mais leve ideia sobre a situação.

Insistentes, imprimindo em todo aquele tumulto a nota singular de uma monotonia estranha, reproduziam-se em todas as linhas, de minuto em minuto, incessantes, sem variantes, as notas estrídulas das cornetas determinando a carga.

E as cargas realizavam-se, sucessivas, rápidas, constantes, vigorosas, inflexíveis; pelotões, batalhões e brigadas, ondas cintilantes de baionetas feridas pelo sol, rolavam, quebravam-se ruidosamente sobre as trincheiras intransponíveis.

Vi, nessa ocasião, o coronel Sampaio atravessar lentamente, a pé, a praça, na direção do combate. Não tirara os galões; encarava serenamente os perigos dentro do alvo tremendo da própria farda, francamente exposto aos tiros do inimigo, que visava de preferência os chefes. Desapareceu com o mesmo andar tranquilo no seio dos combatentes.

À margem esquerda do Vaza-Barris uma linha de baionetas desdobrava-se, extensa, da igreja velha à nova. Era a ala direita do batalhão paulista, correto sempre, severamente subordinado ao dever e pronto a enfrentar os perigos à primeira voz.

A outra ala, dentro de Canudos, sustentava brilhantemente no seio da refrega, as grandes tradições dos soldados do sul.

Às 2h20 uma nova vibração do solo chegou até ao ponto em que eu estava — novas bombas de dinamite eram lançadas sobre o inimigo e um novo incêndio irrompeu, listrando a fumarada com as línguas vermelhas das chamas.

Mais violento e mortífero prosseguia o combate.

E pela encosta acima, defluindo da sanga profunda, dentro da qual se estendia a linha avançada do 25º batalhão —, longa, constante, subia sempre a trágica procissão dos mortos e feridos em direção ao hospital de sangue.

Em padiolas uns, carregados outros em redes, ascendiam lentamente a colina escalvada pela longa estrada pontilhada de gotas de sangue.

Alguns subiram sós, a pé, vagarosamente titubeantes, parando de minuto em minuto, exaustos, resfolegando penosamente, arrimando-se às casas, numa exaustão contínua de forças, arrastando-se num esforço extraordinário, até ao alto.

A verdade é que ninguém poderia prever uma resistência de tal ordem.

O ataque foi lógico, imposto severamente pelas razões mais sólidas e o seu plano, perfeitamente bem concebido, resistirá com vantagem à crítica mais robusta.

Tudo, porém, são surpresas nesta campanha original.

À tarde reconheceu-se definitivamente que a situação não mudaria.

Só havia uma providência a tomar — conservar as posições arduamente conquistadas, embora não se revestissem de importância que compensasse os sacrifícios feitos.

Reduzira-se, entretanto, de muito, a área ocupada pelo inimigo. Esta redução de espaço, porém, parecia haver determinado a condensação da sua energia selvagem.

A noite desceu serenamente sobre a região perturbada do combate e rasgando o seio da noite, caindo, insistentes, sobre todos os pontos da linha do cerco, sibilando em todos os tons sobre o acampamento, inúmeras, constantes, da zona reduzida em que se encontravam os jagunços, irrompiam as balas.

OS TELEGRAMAS

BAHIA, 7 DE AGOSTO (12H30)

Chegamos bem. Fomos recebidos pelo governador e pelo funcionalismo civil e militar.

Observo que nesta cidade há muito menos curiosidade sobre os negócios de Canudos do que aí e no Rio de Janeiro.

BAHIA, 7 DE AGOSTO

O 1º batalhão da polícia de S. Paulo desembarcou hoje.

A correção e o garbo da força paulista despertaram entusiasmo geral.

BAHIA, 7 DE AGOSTO

Visitei no quartel da Palma o coronel Carlos Teles, que foi ferido na clavícula direita, sem gravidade.

Visitei também o bravo militar Savaget que me afirmou não existirem em Canudos mais de duzentos homens nos redutos conselheiristas.

O general Savaget disse-me que a vitória é próxima e segura.

BAHIA, 8 DE AGOSTO (11H10)

O marechal Machado Bittencourt, ministro da Guerra, só seguirá para o sertão, depois de providenciar sobre o equipamento e organização das forças e aguardará a chegada dos batalhões do Sul e do Norte.

S. exa já está providenciando para estabelecer comboios de víveres e correspondência entre Queimadas, Monte Santo e Canudos, criando assim uma linha de operações indispensável.

Todas estas medidas são tomadas com urgência e ordem.

O 1º batalhão da força pública desse estado está aquartelado no forte de S. Pedro, bem acomodado e bem disposto.

O governador dr. Luís Viana, visita neste momento o general Savaget, no forte de Jequitaia.

Embora conste a existência de poucos jagunços em Canudos, acredita-se que outros estejam emboscados nas imediações.

A vitória, porém, é infalível e próxima.

Viva a República!

BAHIA, 8 DE AGOSTO (22H10)

Os feridos vindos de Canudos, oficiais e praças, foram recolhidos aos hospitais de Santa Isabel e S. Joaquim, onde estão rodeados de todos os cuidados.

Todos têm-se portado com resignação verdadeiramente heroica.

— Um dos oficiais vindos de Canudos possui cartas e documentos importantes encontrados em uma casa do arraial.

Idênticos documentos existem em poder do general Artur Oscar.

— Citam-se aqui inúmeros episódios interessantes decorridos durante a luta.

No combate de 18 de julho, as tropas legais bateram-se desde as quatro horas da madrugada às oito da noite, sem beberem uma gota de água!

— São precipitadas quaisquer apreciações sobre os erros atribuídos ao general Artur Oscar, assim como os comentários que sobre as operações têm sido feitos.

As opiniões sobre este assunto são muito divergentes.

— Realiza-se agora o espetáculo promovido pelo comitê patriótico, em favor das vítimas de Canudos.

BAHIA, 9 DE AGOSTO

Os oficiais feridos nos últimos combates relatam erros de tática de ordem tão grave que só devem ser expostos, depois de investigações ulteriores e sérias.

Hoje chegaram os batalhões 37º e 39º de infantaria, que perfazem um efetivo de cerca de seiscentos homens.

O marechal Machado Bittencourt tem sido incansável em tomar providências, porque as tropas chegam sempre sem cantis, e necessitam de todos os confortos.

O trabalho tem sido penoso.

Os oficiais e praças convalescentes atravessaram os rios cercados de respeito e simpatias gerais.

Os batalhões que hoje chegaram devem partir de Queimadas no dia 11.

BAHIA, 11 DE AGOSTO (22H30)

São esperados hoje, do interior, quatrocentos feridos.

O marechal Bittencourt, ministro da Guerra, seguirá até o dia 15 para Queimadas.

Embarca amanhã para Queimadas o 29º batalhão de infantaria, com o efetivo de 240 praças e 27 oficiais.

Este batalhão trouxe 9 mil cartuchos.

Os batalhões 37º e 39º seguirão também logo depois que receberem munições.

— As notícias de Canudos dizem que a tropa sitiante está nas mesmas posições aguardando reforços.

A população baiana prodigaliza nobilíssima proteção aos soldados da República.

— Realizou-se ontem interessante aplicação radioscópica dos raios de Roentgen, para determinar a posição e as dimensões de uma bala Manulicher alvejada no espaço intercostal esquerdo de um soldado.

O resultado foi magnífico.

— Criaram-se novas enfermarias na Escola de Medicina.

— A imprensa alia-se ao comitê patriótico baiano, angariando recursos para as famílias dos feridos.

— Seguiu hoje para Queimadas o morteiro Canet.

BAHIA, 12 DE AGOSTO (15H30) (URGENTE)

Instalou-se uma nova enfermaria para os feridos de Canudos, no mosteiro de S. Bento.

— Chegará amanhã o batalhão patriótico "Pais de Carvalho", do Pará.

— Ao atravessar, em passeio, a cidade, o general Savaget foi espontaneamente saudado por multidão imensa.

— Seguem para o sertão com o ministro da Guerra, depois da vinda de todos os batalhões, cem praças de infantaria e vinte de cavalaria.

— No dia 17, depois da vinda de todos os batalhões, segue para o sertão o sr. ministro da Guerra acompanhado de cem praças de polícia e vinte de cavalaria.

— Chegou a Canudos a primeira turma de estudantes de medicina.

BAHIA, 12 DE AGOSTO (20H20) (URGENTE)

Carta de Canudos hoje recebida diz que os jagunços estão encurralados no arraial, sob forte bombardeio.

No dia 29 uma granada incendiou os depósitos de gêneros, sofrendo os inimigos grandes prejuízos.

Pajeú foi morto por uma bala na barriga. Foi substituído por Vila-Nova.

As duas igrejas estão inteiramente inutilizadas, tendo caído um lado da igreja nova que servia de reduto a Antônio Conselheiro.

Em vista disto foi abandonada pelos jagunços que estão acoutados nas casas adjacentes.

Seguiu hoje para Queimadas o 37º batalhão de infantaria.

Seguirá amanhã para a mesma localidade o 39º batalhão de infantaria.

É esperado amanhã cedo o batalhão patriótico paraense.

Acredita-se no próximo desenlace da luta.

BAHIA, 14 DE AGOSTO (16H10)

A situação geral é a mesma, sem variantes.

Estão sendo tomadas as últimas providências.

O marechal Bittencourt, ministro da Guerra, seguirá logo para o sertão.

Espera-se a todo o momento o batalhão paraense.

Seguiu hoje para Queimadas o 39º batalhão de infantaria.

Percorre neste momento as ruas desta cidade, um bando precatório em favor das vítimas de Canudos.

BAHIA, 15 DE AGOSTO (13H55)

Nada de novo ainda sobre a situação, que é a mesma.

A concentração de forças continua, seguindo para Queimadas, Monte Santo e Canudos.

— Espera-se hoje o batalhão do Pará.

— Chegou hoje o 28º batalhão de infantaria.

— O marechal Bittencourt, ministro da Guerra, seguirá brevemente para o sertão.

— É sempre crescente o movimento generoso da população baiana.

Foram inúmeras e valiosas as dádivas recebidas pelo bando precatório que percorreu ontem as ruas da cidade, auxiliando o comitê patriótico.

— Chegam ainda feridos que são carinhosamente acolhidos.

— Dentro de dez dias estará fechado o cerco de Canudos. Os jagunços render-se-ão, sem mais perdas de vidas nas forças legais.

Está já organizado o serviço de comboios e defesa permanente das estradas que são garantidas por pontos estratégicos guarnecidos.

A vitória é infalível e próxima.

BAHIA, 16 DE AGOSTO (14H00)

A demora do sr. ministro da Guerra nesta capital, é explicada pelas numerosas providências exigidas pelo preparo e mobilização das forças.

É possível avaliar o trabalho enorme de preparar os batalhões que chegam carecendo de tudo e muitos com as armas inutilizadas.

O estabelecimento de comboios permanentes entre Queimadas, Monte Santo e Canudos, foi feito depois de grandes esforços.

A entrada constante de feridos, cujo número cresce extraordinariamente, exige também providências urgentes para localizá-los, vesti-los e tratá-los.

Todos os hospitais estão cheios, inclusive as enfermarias da Escola de Medicina.

Agora trata-se da criação de novas enfermarias nos conventos.

O mosteiro de S. Bento está repleto; tem mais de duzentos feridos.

A população continua a auxiliar o governo no tratamento dos feridos.

— Desembarcou hoje o batalhão patriótico do Pará.

— Espera-se apenas agora o 4º batalhão de infantaria.

— Pelo número de feridos que chegam e pelas informações vindas do teatro da guerra, verifica-se que a luta foi mais sangrenta do que se supunha.

BAHIA, 16 DE AGOSTO

Corre, sem que tenha visos de verdade, que os jagunços, que se afastam de Canudos removeram o seu campo de ação para a serra de Caipã, lugar quase inacessível e entrincheirado.

Conjectura-se que já lá estejam Antônio Conselheiro e os principais chefes.

Esta notícia carece de confirmação. É talvez mais um boato e nada mais.

BAHIA, 17 DE AGOSTO (16H00)

O coronel Carlos Teles, logo que estiver restabelecido, voltará a Canudos.

Declara aquele oficial que não tem outro lugar senão à frente do seu batalhão.

— A partida do general Savaget foi imponente.

— Continuam a chegar feridos, que agora afluem ao mosteiro de S. Bento, sempre rodeados da simpatia e respeito de toda a população.

— Foi extraordinária a recepção do batalhão do Pará.

— Continuam as notícias discordantes e os boatos desencontrados sobre a situação, afirmando uns a próxima rendição do arraial dos jagunços, garantindo outros tenaz resistência por parte dos mesmos, declarando outros, ainda, que os fanáticos estão se reunindo fora, noutros pontos.

A divergência de opiniões existe mesmo entre os que tomaram parte na luta, os quais nos afirmam, entretanto, o seu próximo termo.

É dificílimo formar uma ideia de tudo isto, quando os próprios protagonistas divergem e variam as impressões que trazem.

— Os pedidos de reformas feitos provocam comentários acerbos, mas não desanimam os valentes.

— O marechal Bittencourt, ministro da Guerra, continua em atividade notável, estando já removidas muitas dificuldades.

S. ex^a partirá brevemente para o sertão.

A animação é geral nas tropas que seguem.

BAHIA, 18 DE AGOSTO

Os boatos que circulam, de ataque aos reforços que seguem, são falsos.

Notícias oficiais de Monte Santo dizem que tudo está bem.

O batalhão paulista partiu de Monte Santo para Canudos.

Parte amanhã o 28º batalhão de infantaria.

O batalhão vindo do Pará só seguirá no sábado por ser necessário substituir o armamento que trouxe.

Amanhã esperam-se quatro batalhões e forças do Amazonas.

Chegaram hoje mais feridos. Devem existir ainda cerca de quinhentos em Queimadas, Monte Santo e Canudos.

É preciso não dar crédito aos boatos.

BAHIA, 19 DE AGOSTO (RETARDADO)

Chegou hoje o 4º batalhão.
Seu efetivo é de 270 praças.
Foi recebido no arsenal de marinha por autoridades civis e militares e está aquartelado no quartel da Palma.
Este batalhão é o último do exército federal que teve ordem de se incorporar à quarta expedição.
São 25 os batalhões de infantaria que formam o grosso das forças ora combatentes em nossos sertões.
Além destes, temos o 5º regimento, o 5º batalhão e a 4ª bateria do 2º regimento, todos de artilharia; um esquadrão do 9º regimento de cavalaria; um contingente do batalhão de engenheiros; o 2º, o 3º, o 4º e o 5º batalhões do regimento estadual; o batalhão "Moreira César"; o 1º batalhão policial de São Paulo e o 1º e o 2º do estado do Pará.
Eleva-se a cerca de 14 mil homens o efetivo das forças em operações nos sertões da Bahia.
No domingo último os jagunços atacaram Pombal, sendo repelidos pela população.
Foi morto no combate o chefe que os capitaneava.

BAHIA, 19 DE AGOSTO (RETARDADO)

Desembarcou e desfila agora pelas ruas da cidade o 4º batalhão de infantaria.
— Seguiu para Queimadas o 28º batalhão de infantaria.
Resta apenas chegar a polícia do Amazonas.
Logo depois seguirá para o sertão o sr. ministro da Guerra.
— O serviço de transportes, elemento essencial nesta campanha, está organizado facilitando a remessa pronta de víveres e munições, até hoje irregularíssimo.
Excluídos os corpos policiais vindos, os corpos de linha seguem todos incompletos, entretanto as forças são suficientes e bem disciplinadas.

— Continuam a circular boatos agourentos, porém sem a menor base.

Até agora a situação não mudou.

BAHIA, 20 DE AGOSTO (18H10) (URGENTE)

Um dos batalhões da brigada Girard foi atacado pelos jagunços ao atravessar o Rancho do Vigário.

Consta que dois alferes foram mortos e quatro praças foram feridas.

O ataque foi facilmente repelido sem outras consequências.

BAHIA, 20 DE AGOSTO (RETARDADO)

O comissário de polícia de Pombal, sabendo existir nas imediações daquela localidade, grupos de jagunços foragidos de Canudos, armou a população e atacou os jagunços.

Na luta houve ferimentos de parte a parte, morrendo o chefe dos jagunços.

Os fanáticos retiraram-se para lugar mais distante.

— Deve estar agora inteiramente sitiado o arraial de Canudos.

Continuam os boatos malévolos e extravagantes, porém sem base.

BAHIA, 20 DE AGOSTO (RETARDADO)

O encontro havido no Rancho do Vigário entre jagunços e um batalhão da retaguarda da brigada Girard, foi insignificante.

Os boatos exageram sempre os ataques que são inevitáveis e naturais.

— Partirá amanhã para o sertão o batalhão paraense que fez hoje exercício de fogo no campo da Pólvora.

O 1º batalhão desse estado está em Monte Santo e partirá para Canudos.

BAHIA, 21 DE AGOSTO (12H20)

Causa surpresa a volta inesperada da turma de estudantes de medicina que estava em Monte Santo.

— Continuam a chegar feridos em estado lamentável, andrajosos, seminus, causando dolorosa impressão.

Esperam-se ainda mais feridos.

— Organizam-se novas enfermarias. O comitê patriótico baiano é incansável nesta nobre missão em que é secundado por toda a população.

— O ataque de Pombal indica que os jagunços estão famintos e procuram os recursos que lhes falecem de todo.

No assalto à brigada Girard o tiroteio foi insignificante.

— Aguarda-se dentro de quinze dias o desenlace da luta.

— Partiremos em um dos próximos dias para Queimadas e de lá para Monte Santo.

— Os oficiais recém-vindos declaram que o estado das forças em Canudos é animador, embora estejam pouco melhoradas as condições de alimentação, ainda escassa, sendo esgotados todos os comboios que chegam.

— Continua a haver grande divergência nas opiniões acerca dos assuntos da campanha, o que dificulta um juízo seguro.

A maioria aqui acredita que está próximo o termo da luta.

BAHIA, 21 DE AGOSTO
(RETARDADO POR INTERRUPÇÃO DA LINHA)

Desembarcou hoje o corpo de polícia do estado do Amazonas.

BAHIA, 21 DE AGOSTO (RETARDADO POR INTERRUPÇÃO DA LINHA. URGENTE)

O coronel Carlos Teles confirmará amanhã, em carta ao *Diário da Bahia*, as suas declarações anteriores, afirmando o número reduzido de jagunços existentes em Canudos, que tem pouco mais de mil casas e não 4 mil, como propalam.

Garante que a expedição Moreira César venceria se não fosse morto o bravo coronel.

Explica o grande número de mortos e feridos, pelas posições admiráveis dos inimigos.

Diz não acreditar que haja intuitos monárquicos entre os fanáticos.

BAHIA, 22 DE AGOSTO (21H45)

Voltou de Monte Santo a turma de estudantes de medicina, justificando a sua volta com o péssimo acolhimento que lhes fez o chefe do serviço sanitário, que além de recebê-los desatenciosamente, declarou serem numerosos os estudantes em Monte Santo e pequeno o número de feridos em Canudos.

O chefe do serviço não lhes garantiu sequer alimentação.

Os moços patriotas publicarão nesse sentido, no *Diário de Notícias*, uma declaração justificando-se perfeitamente, em réplica tristemente esmagadora da afirmação daquele chefe do serviço sanitário, dizendo que são numerosos os feridos que chegam diariamente.

— Criou-se mais uma enfermaria no forte de Jequitaia.

BAHIA, 22 DE AGOSTO (22H10)

Eis os principais trechos da carta do coronel Teles:

Não declara que a expedição comandada pelo inditoso coronel Moreira César encontrasse somente duzentos jagunços em Canudos, pois está convencido de que existia ali naquela ocasião maior número de que os seiscentos que existiam quando chegou a quarta expedição.

As declarações feitas foram: que Canudos tem apenas pouco mais de mil casas e não 4 mil como dizem; que calcula que ao chegar a quarta expedição, o número de jagunços era de seiscentos no máximo; que eles nunca possuíram balas explosivas; que se não fosse a morte do coronel Moreira César, Canudos seria tomado em 3 de março; que o mal causado à quarta expedição foi graças às armas e munições deixadas pela expedição Moreira César e anteriores; que calcula em duzentos, no máximo, o número de jagunços existentes em Canudos depois do assalto de 18 de julho; que não há fim restaurador nem influência de pessoa estranha nesse sentido; que não há lá estrangeiro algum.

Declara mais serem fantasias as afirmações de que as armas apanhadas em Sete Lagoas se destinavam aos jagunços, assim como a carta ao jornal *O País* e outros fatos.

Não acredita que tenham aumentado os bandos de jagunços.

Explica as numerosas baixas por estar o inimigo encoberto por trincheiras naturais, contra os soldados que lutam a peito descoberto.

Termina, textualmente: "Adulterar a verdade para encarecer Canudos, é alarmar o espírito público, e a isto não me presto.

Não vivo de reclamos, digo sempre o que se me afigura ser a verdade".

BAHIA, 23 DE AGOSTO (12H30)

Os batalhões 37º e 39º chegaram a Monte Santo onde estacionarão até à concentração de todas as forças naquela praça, para seguirem depois rapidamente para Canudos.

Apenas a brigada Girard e o batalhão paulista irão antes das demais forças. Este já está a meio caminho de Canudos.

As condições do exército são muito melhores, as munições são suficientes.

Partiremos domingo próximo.

O ministro espera o general Carlos Eugênio.

O estado sanitário das forças é bom. Apenas um caso de varíola foi registrado em Canudos.

BAHIA, 23 DE AGOSTO (13H05)

Chegaram hoje mais duzentos feridos.

Preparam-se novos hospitais para receber os que ainda se esperam.

BAHIA, 25 DE AGOSTO (20H50)

Um cálculo rigoroso dá como 10 mil homens o máximo do total das forças em operações em Canudos.

A situação geral da campanha tem melhorado.

O sr. ministro da Guerra partirá logo após a chegada do general Carlos Eugênio.

Os boatos diminuem.

BAHIA, 27 DE AGOSTO (20H05) (URGENTE)

Partiremos depois de amanhã, domingo, para Canudos.

Amanhã chegarão de Queimadas mais duzentos feridos.

BAHIA, 28 DE AGOSTO (1H45)

Garanto que são absolutamente falsos os boatos de muitas deserções do batalhão paulista.

O capitão Carneiro do 15º batalhão de infantaria, afirmou-me ter encontrado aquele batalhão no dia 22 no Rosário, em boa ordem e completa disciplina, marchando com segurança e comboiando seiscentos bois.

Os soldados mostravam-se animados.

O batalhão paulista já chegou a Canudos.

Quatro ou seis desertores não podem macular a heroica força.

BAHIA, 28 DE AGOSTO (19H00)

Os oficiais chegados do sertão encontraram no dia 22, no Rosário, o batalhão paulista completo e disciplinado, marchando em ordem para Canudos, comboiando setecentos bois.

O sr. ministro da Guerra partirá para o interior segunda-feira.

BAHIA, 28 DE AGOSTO (23H45)

A situação das coisas em geral é animadora.

Está sendo realizada a concentração das forças em Monte Santo.

As operações de guerra são feitas rapidamente, refluindo o exército logo após a vitória, para a base de operações, porque é dificílimo alimentar grande número de batalhões durante muitos dias, em Canudos.

O resultado é seguro, caso não surjam imprevistos que o demorem.

As forças que estão em Canudos, em bombardeios, agora com grande suprimento de munições, preparam a ação decisiva.

Entretanto continua tenaz a resistência dos fanáticos, animados de modo singular, talvez pela recordação dos insucessos das anteriores expedições.

— O trem da brigada Girard já deve estar em Canudos.

O batalhão paulista está em Monte Santo e brevemente partirá conjuntamente com os batalhões do Pará, e do Amazonas e de linha.

Aguardamos próxima vitória e termo da luta mais bárbara da nossa história.

Chegaram hoje mais duzentos feridos.

BAHIA, 29 DE AGOSTO (15H50)

O sr. ministro da Guerra parte amanhã para o interior. A situação é a mesma.

BAHIA, 30 DE AGOSTO (1H00)

Seguiu hoje para o interior, no trem ordinário, da uma hora da tarde, o marechal Carlos Machado Bittencourt, ministro da Guerra, acompanhado do general Carlos Eugênio, comandante da 2ª coluna, e dos respectivos estados-maiores, ocupando dois carros especiais.

Às doze horas chegou à *gare* um piquete de cem praças de infantaria da polícia estadual e mais trinta de cavalaria, comandadas pelo capitão Ivo, as quais constituem a guarda de pessoa do sr. ministro da Guerra.

Essa força ocupou dois vagões.

Compareceram ao embarque do sr. ministro da Guerra, o dr. Luís Viana, governador do estado, e seus secretários, autoridades federais e estaduais, representantes do comércio e muitas outras pessoas.

Na *gare* havia mais de 2 mil pessoas.

O sr. ministro da Guerra foi vivamente aclamado.

S. exª pernoitará em Alagoinhas.

BAHIA, 30 DE AGOSTO (12H10)

Do dia 2 até hoje, seguiram para Canudos nove comboios, sendo o maior com 140 cargas e o menor com oitenta.

Todos têm ido bem, menos o que seguiu guardado pela brigada Girard, que deixou as cargas no caminho e extraviou o gado em tiroteio, no Rancho do Vigário, com seis jagunços.

As cargas deixadas, porém, foram depois levadas pelos outros comboios.

Nenhuma foi tomada.

O pessoal encarregado do referido comboio não era do exército e sim um outro improvisado na ocasião.

Estão ainda em caminho dois comboios, próximo de Jueté, os quais chegarão em breve.

Ontem seguiu de Monte Santo para reforçá-los o 37º batalhão de infantaria, com vinte praças montadas.

Em Canudos o exército está na mesma posição.

Tudo vai bem.

O sr. ministro da Guerra parte hoje.

ALAGOINHAS, 30 DE AGOSTO
(EXPEDIDO ÀS 18H20 E RECEBIDO ÀS 2H25)

O marechal Carlos Machado Bittencourt, ministro da Guerra, e o general Carlos Eugênio, acompanhados dos respectivos estados-maiores, chegaram a esta cidade, tendo feito viagem sem incidente.

Amanhã cedo devem seguir para Queimadas.

QUEIMADAS, 31 DE AGOSTO (23H20)

O marechal Machado Bittencourt, ministro da Guerra, e a sua comitiva, chegaram hoje a esta localidade. Brevemente partirão para Monte Santo.

Partiram hoje daqui, em boa ordem, os batalhões policiais do Pará e do Amazonas.

QUEIMADAS, 1º DE SETEMBRO (22H20)

O marechal Carlos Machado Bittencourt, ministro da Guerra, permanece aqui por dois ou três dias apenas e seguirá logo para Monte Santo.

Hoje far-se-á experiência do morteiro Canet.

Existem aqui alguns variolosos convenientemente isolados.

A única força aqui existente, além dos contingentes que guarnecem os canhões e da cavalaria, é constituída por cem praças de polícia da Bahia, formando a guarda do ministro. A situação continua boa.

QUEIMADAS, 2 DE SETEMBRO (11H45)

Já seguiram de Monte Santo para Canudos o 37º e o 39º batalhão de infantaria.

Lá estão o 4º e o 28º de infantaria.

Chegarão depois de amanhã os batalhões policiais do Pará e do Amazonas.

O marechal Bittencourt, ministro da Guerra, e sua comitiva, partem amanhã, 3 de setembro, pela manhã.

O serviço de condução de comboios e munições é muito difícil e foi organizado à custa de grandes esforços.

O chefe de segurança da Bahia tem sido incansável, tomando todas as providências.

QUEIMADAS, 2 DE SETEMBRO (EXPEDIDO ÀS 15H20 E RECEBIDO ÀS 2H15 DA MADRUGADA)

As tropas continuam nas mesmas posições em Canudos.

De dois em dois dias, os jagunços atacam as nossas forças, sendo repelidos pela artilharia estacionada dentro do arraial.

— Têm-se distinguido os batalhões 12º, 25º, 30º e 31º de infantaria.

— O batalhão paulista foi atacado na estrada a uma légua e meia de Canudos.

Repeliu o inimigo sem perder uma única praça.

Foi recebido com entusiasmo pelas forças em operações.

— Não há epidemia em Canudos, onde o estado sanitário continua a ser bom.

— Confirma-se a notícia de que Antônio Conselheiro foi coagido a continuar a luta por Antônio Vila-Nova.

— Têm-se entregado alguns jagunços. Devem chegar aqui, hoje, quatro jagunços prisioneiros.

— O sr. ministro da Guerra parte amanhã para Monte Santo.

QUEIMADAS, 3 DE SETEMBRO (14H50)

A partida do sr. ministro da Guerra foi transferida para amanhã, sábado.

Acabam de chegar nove prisioneiros e seis crianças. Vêm num estado lastimável e algumas feridas, embora sem gravidade.

Devemos chegar no domingo, à noite, ou segunda-feira, pela manhã, a Monte Santo.

MONTE SANTO, 6 DE SETEMBRO (20H30)
(URGENTE)

Chegamos hoje bem a esta cidade.
Encontramos os batalhões, 4º, 29º, 38º e 39º e os batalhões de polícia do Pará e do Amazonas, que seguirão brevemente para Canudos.
A artilharia Canet chegará amanhã ou depois.

MONTE SANTO, 8 DE SETEMBRO (16H35)

O general Carlos Eugênio assumiu hoje o comando da divisão auxiliar das forças que operam em Canudos, compostas de duas brigadas, sendo a primeira com os batalhões 4º, 28º, 29º, 37º e 39º, sob o comando do coronel César Sampaio e a segunda dos batalhões policiais do Amazonas, o 4º da Bahia e o 1º e o 2º do Pará.
Declara em sua ordem do dia o ilustre general, achar-se à frente das forças que seguem compenetradas dos seus deveres ao encontro dos camaradas que se batem galhardamente para extirpar a horda de fanáticos divorciados da lei e da razão.
Termina dizendo que tenham confiança no valor, no patriotismo, na bravura e na dedicação do general em chefe, porque ele desafrontará a República ou morrerá por ela.
— Em virtude de determinação do marechal Bittencourt, ministro da Guerra, foi por portaria incluído na 1ª brigada o pessoal que acompanha a artilharia Canet.
— A data da nossa emancipação política foi entusiasticamente festejada pelas tropas aqui existentes.

MONTE SANTO, 9 DE SETEMBRO (13H20)

Acabam de chegar sem novidade o morteiro e o obus Canet.

À tarde o general Carlos Eugênio passará revista às forças sob o seu comando.

Tudo vai bem.

MONTE SANTO, 12 DE SETEMBRO (A CAMPOS SALES, PRESIDENTE DO ESTADO DE SÃO PAULO)

A nossa artilharia, no dia 5 do corrente, derrubou as torres da igreja nova de Canudos.

As forças legais tomaram aos jagunços, no dia 7, a grande trincheira que protegia a estrada de Cambaio e da Fazenda Velha.

Animação geral.

Saúdo o eminente chefe republicano.

MONTE SANTO, 22 DE SETEMBRO (RETARDADO)

Cheguei bem. O estado moral das forças sitiantes é o melhor possível.

Tudo indica o próximo e feliz desenlace da luta, apesar da tenacidade verdadeiramente extraordinária dos jagunços, que diariamente tiroteiam com as nossas forças, combatem ou investem as linhas com audácia imensa.

Escreverei brevemente sobre a situação e procurarei definir a feição predominante da campanha, não exposta ainda claramente.

Depois de tomadas as posições importantes de Cambaio e de Favela e depois da queda das torres da igreja nova, melhorou a situação das forças sitiantes, estando o inimigo visivelmente enfraquecido.

Noto entre as nossas forças disciplina notável e confiança inteira no general Artur Oscar, comandante-em-chefe.

Dos novos pontos ocupados observa-se bem o arraial de Canudos.

Posso afirmar, sem temer contestação séria, que o arraial tem mais de 2 mil casas porque além da zona que se observa de Favela, há muitos outros pontos povoados.

MONTE SANTO, 23 DE SETEMBRO

Nada de novo.

Continua a resistência tenaz do inimigo e a crescente animação entre os nossos soldados.

Sabe-se com segurança que diversos grupos têm abandonado o arraial seguindo pela estrada de Uauá e Cocorobó.

Foram tomadas providências para lhes cortar a retirada.

O estado sanitário das tropas é magnífico.

Depois da tomada das posições avançadas de Favela e de Cambaio, o cerco de Canudos tornou-se mais firme, restando aos jagunços unicamente a estrada de Uauá, que será em breve trancada.

Acredito que dentro de quinze dias estará terminada a campanha.

MONTE SANTO, 24 DE SETEMBRO

Continuam os tiroteios diários entre as nossas forças e os jagunços.

Às três horas da madrugada houve um ataque violento às nossas trincheiras, sendo, como sempre, repelidos os jagunços.

Foram feridos o sargento-ajudante e uma praça do batalhão paulista.

Está perfeitamente regularizado o serviço de comboios, que chegam diariamente pela nova estrada de Calumbi.

Tenho percorrido toda a região e procurado observar bem o grande arraial de Canudos, que, torno a afirmar, tem mais de 2 mil casas.

Ocupa vasta extensão e tem muitas casas cobertas de telhas. Apresenta o aspecto exato de uma grande cidade, dividida em cinco bairros, de um dos quais, o menor, temos em nosso poder uma quinta parte.

Escreverei de Monte Santo, para onde regressarei por causa da saúde e do termo da licença.

MONTE SANTO, 25 DE SETEMBRO

Ontem, à uma hora da tarde, uma granada do canhão 7.5, atirada da Fazenda Velha, incendiou diversas casas do arraial de Canudos.

Hoje pela manhã, distraído o inimigo por violento tiroteio nosso, foi ocupada importante posição, dilatando-se o flanco direito da linha de cerco que assim está quase fechado, prestes a se unir ao flanco esquerdo.

A bateria "Sete de Setembro" foi artilhada. É uma nova posição importante.

Todo esse movimento, que tem sido coroado do melhor resultado, foi realizado em menos de duas horas, havendo poucas baixas.

O incêndio de ontem à noite, prolongou-se por mais de uma hora, devendo ter causado grandes estragos.

Os jagunços têm replicado aos nossos tiroteios tenazmente, dando vivas à monarquia! que têm sido distantemente ouvidos.

Continuam os tiroteios em diferentes pontos da linha.

A nova posição foi conquistada pelas forças dirigidas pelo tenente-coronel Siqueira de Menezes, engenheiro militar, e estão ocupadas pelo 22º de linha e pela polícia do Amazonas.

MONTE SANTO, 25 DE SETEMBRO

Continua a tenaz resistência dos jagunços ao sítio de Canudos.
Ontem foram queimadas cerca de cinquenta casas.
As posições conquistadas são vantajosamente sustentadas, apertando-se cada vez mais o sítio, que se pode considerar completo.
Os tiroteios persistentes continuam, tendo abrandado apenas esta noite.
A artilharia bombardeia compassadamente.
É certo o próximo desenlace da luta.
O estado sanitário das forças continua bom.

MONTE SANTO, 25 DE SETEMBRO (URGENTE)

Está completo o sítio de Canudos.
Viva a República!

MONTE SANTO, 29 DE SETEMBRO

O sítio estreita-se rapidamente em torno de Canudos, que cairá em menos de três dias inevitavelmente, em poder das forças legais.
Os prisioneiros são em grande número.
Os jagunços estão reduzidos à igreja nova e ao santuário. As tropas legais estão de posse de todas as casas.
As nossas baixas são relativamente pequenas.

MONTE SANTO, 29 DE SETEMBRO (A CAMPOS SALES, PRESIDENTE DO ESTADO DE SÃO PAULO)

Dentro de poucas horas Canudos estará em poder das tropas republicanas.

Os fanáticos estão todos concentrados no santuário da igreja nova.
Viva a República!

MONTE SANTO, 30 DE SETEMBRO

Os jagunços estão acoutados no último reduto, a igreja nova.

Fizeram dezoito tentativas para tirar água no rio Vaza-Barris, sendo repelidos sempre.

Toda a noite há fuzilaria forte.

Calcula-se em cerca de 150 o número de mortos nos últimos dias, além de cinquenta prisioneiros.

As baixas nossas são relativamente pequenas.

Não durará três dias a luta.

Continua o incêndio lavrando em diversos pontos da cidade.

Cercam a igreja os batalhões 34º, 38º, 24º, 37º, 25º e os de polícia do Amazonas e do Pará.

Foi ferido, sem gravidade, o major-fiscal José Pedro da Silva, do batalhão paulista.

Aguardamos nestes dois dias o termo da luta.

Acaba de chegar o general Carlos Eugênio com as forças sob seu comando.

MONTE SANTO, 30 DE SETEMBRO

Do meio-dia à uma hora da tarde, continuou o bombardeio do arraial de Canudos, caindo toda a frente da igreja nova.

Os jagunços, porém, resistem com heroísmo digno de melhor causa.

Tentam inutilmente conseguir água e sendo repelidos, atiram em todas as direções sobre as linhas do cerco e do acampamento.

Aguardamos a rendição inevitável.
As tropas estão cada vez mais animadas.

MONTE SANTO, 2 DE OUTUBRO

Os fanáticos de Antônio Conselheiro acham-se concentrados em Santa Maria, mas não resistirão por muito tempo.
A nossa vitória está próxima.

MONTE SANTO, 3 DE OUTUBRO

Os generais Artur Oscar e Carlos Eugênio, acompanhados dos seus respectivos estados-maiores, percorreram as linhas dentro de Canudos.
O arraial patenteia um espetáculo desolador. Está em grande parte arruinado pelo bombardeio e pelos incêndios.
Os jagunços resistem ainda nos últimos redutos.
Está na trincheira dentro de Canudos, em frente à igreja nova, a ala direita do batalhão paulista.
Encontram-se nos becos do arraial, que está quase arruinado, corpos carbonizados de inimigos mortos nos últimos tiroteios e ataques.

MONTE SANTO, 3 DE OUTUBRO

Continua a resistência do inimigo, que, apertado na igreja nova, não resistia há muito.
Cálculo seguro indica mais de duzentos mortos nos tiroteios dos dois últimos dias. As nossas baixas são relativamente pequenas.
Continua o incêndio no arraial de Canudos.
O batalhão paulista tem acompanhado brilhantemente os esforços heroicos do exército.

A vitória é infalível.
A República é imortal!

MONTE SANTO, 7 DE OUTUBRO (URGENTE)

Ontem, após forte bombardeio, a 3ª brigada e a 6ª tomaram novas posições ao inimigo, sendo conquistada a igreja nova, na qual entre aclamações de todo o exército, foi hasteada a bandeira da República.

Está muitíssimo reduzida a área em poder do inimigo.

Este cederá brevemente, pois já perdeu todos os recursos.

As nossas forças tiveram algumas baixas.

O número de jagunços mortos que pôde ser contado, sobe a mais de duzentos.

Lavra no arraial intenso incêndio ateado pela explosão de bombas de dinamite, sendo inteiramente queimada a latada anexa à igreja nova, o último baluarte dos fanáticos.

Não existiam minas nesta última e sim grandes trincheiras tomadas à baioneta.

Foram lançadas oitenta bombas de dinamite em Canudos. A animação é geral entre os nossos soldados.

MONTE SANTO, 7 DE OUTUBRO

Depois de tenaz resistência, caiu em poder das forças republicanas, ontem, 6 de outubro, o arraial de Canudos.

BAHIA, 14 DE OUTUBRO (17H10)

Envio na íntegra o plano do assalto de Canudos, organizado pelo comandante-em-chefe:

"Amanhã, desde as seis horas, toda a força estará de prontidão, em forma oculta, nos abrigos já existentes.

Às seis horas, a artilharia romperá fogo, só terminando com o toque do comando-em-chefe — "infantaria avançar!"

Durante a noite os batalhões 4º e 39º irão se reunir ao 29º, que com a 3ª brigada partirá para a Fazenda Velha, colocando-se à retaguarda os 32º e 37º batalhões.

O 9º, o 22º e o 34º renderão a 3ª brigada.

Durante o assalto, as forças que estiverem nas linhas, guardarão o maior silêncio. Cada batalhão terá uma companhia pronta para proteger os pontos precisos.

Terminado o assalto retirar-se-ão todos às ordens do comando-em-chefe. Ao toque do comando-em-chefe — "infantaria avançar" — a 3ª e a 6ª brigadas dirigir-se-ão em marche-marche para as posições inimigas, que procurarão conquistar à baioneta, fazendo o assalto pelos flancos e retaguarda da igreja nova, salvo se conveniência de ocasião aconselhar outra tática ao critério dos comandantes daquelas brigadas. Caso haja necessidade do emprego de fogos, só se fará em último caso, somente pelas forças assaltantes, cumprindo ter o maior cuidado em fazê-lo sempre na direção norte-sul, a fim de não ofender os companheiros.

Ao toque do comando-em-chefe — "infantaria avançar" — os batalhões 26º e 5º da Bahia e a ala direita do batalhão de São Paulo dirigir-se-ão pelo Vaza-Barris para tomar a posição junto da margem esquerda, abrigadas pelo barranco do mesmo rio, de modo que o extremo esquerdo do 26º toque a trincheira do 15º e da ala direita do batalhão de São Paulo.

Durante a noite, o 1º e o 2º batalhões do Pará tomarão posição à retaguarda da ala direita do de São Paulo, do 5º da Bahia e do 26º, de modo que saindo esses de seus lugares sejam logo substituídos por aqueles.

Ao toque de — "avançar" — todo o exército avançará à baioneta e ninguém fará fogo sem ordem expressa do oficial que comandar. Desde que a vitória se tenha manifestado, os comandantes mandarão tocar alvorada e todas as bandas, cornetas e clarins repetirão o toque e as músicas o hino nacional, mas ninguém abandonará as posições."

O BATALHÃO DE SÃO PAULO

Os briosos soldados que voltam da luta são dignos do entusiasmo com que o povo os recebe.

Quando, em princípio de setembro, chegamos a Queimadas, eu já sabia que o batalhão paulista chegara a Canudos realizando uma marcha brilhante e rápida. Em Queimadas, a opinião unânime dos habitantes daquela cidade traduzia-se num elogio constante ao procedimento da força deste estado durante o tempo em que ela ali esteve.

Nem uma voz discordante perturbava essa manifestação absolutamente sincera e franca, que ainda perdura e persistirá por muito tempo.

Em Monte Santo (enuncio um fato que me foi exposto pelas pessoas mais sérias da localidade) a população inteira ficou verdadeiramente surpreendida ante a entrada corretíssima de um batalhão, que acabava de realizar uma marcha de dezesseis léguas e ali chegava, em forma, numa ordem admirável, como se fosse tranquilamente para uma simples revista.

Quando segui para Canudos com o heroico regimento do Pará, encontrei uma ala da nossa força já próximo ao termo da viagem. Foi entre Suçuarana e Juá, na estrada do Calumbi, havia pouco descoberta pelo tenente-coronel Siqueira de Menezes, trabalho notável que contribuiu muitíssimo para apressar o termo da luta, porque estabeleceu mais rápidas e seguras comunicações com Monte Santo.

Lá estava a ala esquerda do batalhão paulista, dirigida pelo bravo e dedicado major José Pedro. A estrada do Calumbi, por onde os jagunços esperavam a expedição do general Artur Oscar, ladeada em parte pelas montanhas do Calumbi e Cachamangó, crivada de trincheiras ásperas de mármore silicoso, tendo um trecho de três quilômetros dentro do vale profundo do rio Sargento, cortando talvez quinze vezes as barrancas abruptas do rio Craíba, é de mais difícil travessia do que a do Cambaio. Guardá-la e ocupá-la, pois, não era empresa de pouca monta, sobretudo antes do estabelecimento de um tráfego franco e contínuo. Tanto isto é verdade que a ala do batalhão paulista foi depois substituída por uma brigada — a do coronel Gouveia.

Assim, ao chegar a Canudos, no dia 15 de setembro, eu levava já a convicção de que os intrépidos soldados do Sul prosseguiam retilineamente nas empresas rudes da guerra.

E, realmente, assim procederam sempre.

Exponho lealmente a verdade afirmando que o general em chefe repetidas vezes me manifestou, com a franqueza excepcional que o caracteriza, a confiança inteira, absoluta, que lhe inspirava o batalhão de S. Paulo:

— Cada vez me agrada mais esta sua gente...

Havia razões para isto. O batalhão era perfeito na disciplina. Cumpria as ordens que recebia, mas rigorosamente, estritamente, com uma precisão verdadeiramente militar, sem delas se arredar nem mesmo para se atirar à aventura mais tentadora e aparentemente de mais fácil realização.

Teve poucos homens fora de combate; foi mesmo, talvez, o batalhão menos sacrificado de toda a campanha. Este fato, na aparência incompatível com os inegáveis serviços por ele prestados e cuja importância não se pode dirimir, explica-se, de um lado, pelo tempo relativamente curto em que esteve no campo das operações e, de outro, por um acaso feliz, porque arriscadíssimas e sérias foram muitas vezes as posições que ocupou e não abandonou nunca.

O plano de ataque do memorável dia 1º de outubro demonstra-o. Apoiada pelo batalhão do Pará, a ala direita do batalhão paulista, sob o comando imediato do tenente-coronel Elesbão Reis, garantiu a poucos metros do centro agitado da luta, desdobrando-se na margem esquerda do Vaza-Barris, da igreja velha à nova, um extenso segmento da linha do cerco, enquanto a ala esquerda, dentro do arraial, no mais aceso do combate, compartia os trabalhos e perigos que rodeavam as forças assaltantes do exército, acompanhando-o dignamente na rara e notável subordinação ao dever e na extraordinária dedicação à República que ele sempre patenteou.

Isto é o depoimento simples e sincero de uma testemunha pouco afeiçoada à lisonja banal e inútil.

Mas, não era a primeira vez que os paulistas se aventuravam a arrancadas nos sertões.

O episódio trágico dos Palmares e a epopeia ainda não escrita dos bandeirantes foram criados pela índole aventureira e lutadora dos sulistas ousados.

E o batalhão de S. Paulo, heroico e desassombrado no combate, fez reviver, por um momento, numa página da história do presente, todo o vigor guerreiro e toda a índole varonil dos valentes caídos há dois séculos.

CARTAS DE EUCLIDES DA CUNHA NO ANO DA GUERRA

1

S. Paulo, 14 de março de 1897

João Luís

Saúde e felicidades. Desejamos eu e a Saninha que você, a d. Fernandina e toda a família estejam de perfeita saúde e felizes.

Apesar de um longo silêncio de que não sou culpado porque fui o último a escrever-te, lá vai esta carta dizer-te que não me esqueço do digno correligionário e amigo. Além disto, nesta aterradora quadra de desastres é necessário que procuremos os irmãos de crenças, únicos que nos podem compreender. Creio que como eu estás ainda sob a pressão do deplorável revés de Canudos aonde a nossa República tão heroica e tão forte curvou a cerviz ante uma horda desordenada de fanáticos maltrapilhos...

Que imensa, que dolorosa, que profunda e que esmagadora vergonha, meu caro João Luís!

O nosso belo ideal político — estes fatos o dizem eloquentemente — continua assim sacrificado pelos *políticos* tontos egoístas que nos governam.

O que diz de tudo isto o nosso incorruptível e sincero correligionário, o dr. Brandão? Eu imagino se não o desalento profundo a tristeza enorme que o assalta.

Felizmente a geração heroica de 15 de novembro está ainda robusta e, ao que parece, pouco disposta a deixar que extingam a sua mais bela criação.

Procurando ser otimista (difícil coisa nestes tempos maus!) vejo nesta situação dolorosa um meio eficaz para ser provada a fé republicana. Não achas que ela resistirá brilhantemente — emergindo amanhã, rediviva dentre um espantoso acervo de perigos? Eu creio sinceramente que sim.

Adeus. Dê por mim um abraço em nossos amigos dr. Brandão e Bernardo Veiga; um aperto de mão em todos os correligionários — e dispõe de quem é com estima real am° e adm°r.

Euclides da Cunha
Rua Santa Isabel, 2

2

S. Paulo, 1º de abril de 1897

João Luís

Desejo-te saúde e felicidades — assim como a toda a família.

Recebi a tua carta e respondo-a prontamente — exemplo digno de ser seguido. É escusado dizer, considerando o assunto capital de que tratas — que estamos afinados pelo mesmo diapasão.

Compreendo a situação como a compreendes e alentam-me as mesmas esperanças. Entretanto assalta-me profunda tristeza: é ver sobre a *debâcle* material de tudo neste país, a *debâcle* gravíssima de coisas que em geral conservam intactas no meio das maiores catástrofes. O que me impressiona não são as *derrotas* — são as derrotas sem combate — em que o chão fica vazio de mortos e o exército se transforma num bando de fugidos!

Nunca supus que fôssemos passíveis de desastres desta ordem! NUNCA!

Será possível que a nossa República tenha quadros de tal ordem, que lembram os últimos dias de Baixo Império? Descrente destas coisas, descrente desta terra — aonde lamento ter nascido — eu creio entretanto na vitalidade de um princípio. A República é imortal, e já que temos a felicidade de possuí-la, eu acredito que ela afinal galvanizará este povo agonizante e deprimido.

Aquele *lamento* acima escrito, não acredites seja apenas uma expressão sentimental — é um produto consciente, exprime realmente a mágoa mais profunda que tenho.

Acho, realmente, ridículo o título de filho desta terra depois da vasta série de escândalos de toda sorte com que ela tem desmoralizado a História!

Não digas isto ao dr. Brandão — não desejo que ele saiba que me invadiu este depauperante pessimismo. Que tenham ao menos esperanças os velhos-moços, conforme dizes bem, já que os moços envelheceram cedo, atravessando a *selva oscura* das nossas grandes misérias... Vou encerrar esta carta que está assumindo aspecto demasiado lúgubre. Para outra vez conversaremos mais longamente. Responda-me logo para a rua Santa Isabel, 2, aonde ainda estou.

A minha família recomenda-se à tua.

Abraça-te o amº
Euclides da Cunha

3

S. Paulo, 23 de julho de 1897

João Luís

Saúdo-te desejando felicidades: recomenda-nos a toda a família.

Aconteceu afinal o que eu previa: os amigos da Campanha esqueceram o ausente. É singular, porém, que eu não me esqueça deles e no meio de uma terra agitada me recorde sempre.

Por que então esse silêncio?

O próprio Chico de Lemos, o último que com uma constância heroica sustentou uma correspondência regular — emudeceu bruscamente... Qual foi o desalmado que conspirou aí contra mim? Dirás — ninguém; eu digo — o tempo — apagando as afeições mais sólidas.

Aí vai talvez a minha última carta para a Campanha; digo, talvez, porque ainda creio, não estou de todo cético, ainda creio que me responderá.

Eu vou indo bem; a família boa; os filhinhos bons. Continuo abraçado à minha engenharia e nas horas vagas — como a vida é difícil e é preciso repartir a atividade, escrevo no *Estado* que não quer aceitar a minha colaboração gratuitamente. Não sei se tens lido os artigos meus, alguns assinados, outros não, mas fáceis de serem percebidos.

Não quero referir-me a assuntos políticos: não te quero assombrar com a minha tristeza imensa e amarga ironia com que encaro aos *maîtres chanteurs* que nos governam. Felizmente a República é imortal! Resistirá *quand même*, a despeito de tudo. (Escaparam-me dois francesismos detestáveis, desculpa-me.)

Dê um abraço no dr. Brandão que não me escreve, que não me escreverá talvez — o que não impede que o seu nome seja sempre pronunciado em minha casa com a mais respeitosa gratidão. Saudades ao Com^{or} Bernardo, muitas saudades.

Recomende-nos a todos e acredite sempre no am^{o}

Euclides da Cunha
Rua Santa Isabel, 2

4

Deve estar surpreendido com a minha vinda à Bahia, inesperadamente.

A minha missão é esta: fui convidado em S. Paulo para estudar a região de Canudos e traçar os pontos principais da Campanha. Aceitei-a e vim. Além do assunto ser interessante, além de estar em jogo a felicidade da República, considereis que tínheis um nobre papel em tudo isto e almejo defini-lo bem perante o futuro. Consegui-lo-ei? Anima-me a intenção de ser o mais justo possível; porei de lado todas as afeições para seguir retilineamente. Assim pensando aceitei uma apresentação do dr. Campos Sales para o dr. Luís Viana que me tratou gentilmente. É escusado, porém, declarar que motivos de ordem elevada, fizeram com que agradecesse os seus oferecimentos. Aquela apresentação era indispensável não só para afastar injustas prevenções como também porque vindo eu no estado--maior do general Bittencourt e estando este hospedado com o governador, o que me obriga a ir diariamente a palácio, sem ela, somente vexado cumpriria esse dever.

Trago à Bahia a mais nobre e elevada aspiração e hei de realizá-la.

Estou certo que meu velho amigo e chefe que me conhece bastante aprová-la-á inteiramente.

Carta escrita às pressas, tão às pressas que inverti a folha de papel: são as preocupações constantes agravadas pelas saudades dos entes queridos.

5

Bahia, 20 de agosto de 1897

Porchat

Desejo-te saúde e felicidades assim como a toda a família.

Ainda aqui: estou há quinze dias e deves avaliar com que contrariedade. Estou bom, porém, e animado. Infelizmente o ministro não permitiu que eu o precedesse e fosse esperá-lo em Canudos; de sorte que temo não ir a tempo de assistir a queda do arraial maldito.

A vida aqui além de insípida é lúgubre — uma distração única — assistir à chegada dos feridos, assistir à partida das tropas. Uma coisa pavorosamente monótona. Custa-me a suportar a empresa — suportá-la-ei, porém, inflexivelmente; a despeito de tudo. Basta dizer-te que depois de grande constipação assaltou-me a hemoptise habitual, ontem. Nada disto, porém, me desanima; irei até aonde me levar o último resto de energia e só voltarei quando a marcha para frente for um suicídio. Saudades ao Nogueira, saudades a todos os amigos e recomenda a toda a tua digna família o am$^{\underline{o}}$

Euclides

Escreva-me para o Banco Comercial, aos cuidados do sr. José Rodrigues Pimenta da Cunha — Bahia

6

Ilustre Pethion de Villar

Ontem à noite procurei recordar alguns trechos dos "Holandeses" e dos "Bandeirantes". Aí vão truncados, mal recordados. É uma lembrança vaga e nada mais.

Recado de quem seria feliz se fosse um confrade

Euclides

7

Belém do Descalvado, 27 de outubro de 1897

Porchat

Desejo-te saúde e felicidades.
Desculpa-me o ter partido daí sem ter procurado ver-te. Saí doente — e ainda estou; ainda tenho restos da maldita febre.
Sou caipora! Não assisti às festas feitas aos teus valentes patrícios!
Não posso escrever muito: estou quebrando uma dieta para conversar um pouco contigo. Recomenda-me a toda a família. E escreva-me, escreva-me logo que receberes esta.
Estarei de volta nestes quinze dias.
Adeus. Receba um abraço do am º

Euclides

8

S. Paulo, 18 de dezembro de 1897

João Luís

Recebi a tua carta e imediatamente respondi-a. Ao ler porém, ontem na fazenda do velho aonde estou com a família a notícia da tua estada aqui, resolvi partir a fim de abraçar ao estimadíssimo amigo. E passei pela decepção de não te encontrar, embora o *Correio Paulistano* dissesse que pretendias demorar aqui alguns dias.

A Saninha envia um abraço e parabéns a d. Fernandina pelo bom sucesso.

Eu... tenho muito que te contar mas empraza-te para outra ocasião. Agora é impossível; estou atarefadíssimo porque tenho de voltar amanhã para a roça e estou sobrecarreado de encomendas.

Mas dentro de quatro dias aí estarei — *in mente* já se vê ao teu lado, ao lado do esplêndido e nunca esquecido companheiro.

Adeus. Por hoje apenas um apertado abraço do am.º velho

Euclides

Lembranças aos bons amigos daí.
Endereço: Belém do Descalvado
(Estação da Aurora)

9

S. Paulo, 19 de dezembro de 1897

Meu caro Porchat

Aí estive um dia — rapidamente e não tive ocasião de abraçar-te. Volto logo para a roça porque me sinto outra vez doente. Desculpa-me, pois. O Mesquita acaba dizer-me que o Franco da Rocha tem um livro sobre a mania religiosa — e que me é destinado. Peço-te, pois, procurar aquele nosso amigo — e enviar-me o livro para o Descalvado (Estação da Aurora). Não registre, porém, porque ocasionaria maior demora. Adeus, vá desculpando sempre todas essas aparências de ingratidão do sempre am.º

Euclides da Cunha